AI와 공무원

AI문고

인공지능 시대입니다. 기계가 인간의 인지를 대신하고, 사물이 인간을 통하지 않고 다른 사물과 직접 커뮤니케이션합니다. 이에 따른 인간 삶과 문명 변화를 정확히 이해 · 예측 · 대응하는 것은 이 시대 우리 모두의 과제입니다. AI문고는 인공지능 기술과 환경의 여러 주제를 10가지 키워드로 정리합니다. 관련 개념과 이론, 학계와 산업계의 쟁점, 우리 일상의 변화를 다룹니다. 인간과 기술의 현재, 미래를 세심히 분석합니다.

일러두기

- 인명, 작품명, 저서명, 개념어 등은 한글과 함께 괄호 안에 해당 국가의 원어를 병기했습니다.
- 외래어 표기는 현행 어문규정의 외래어표기법을 따랐습니다.

처음이세요?

전문가세요?

AI와 공무원

윤우제

대한민국, 서울, 커뮤니케이션북스, 2025

AI와 공무원

지은이 윤우제
펴낸이 박영률

초판 1쇄 펴낸날 2025년 7월 11일

커뮤니케이션북스(주)
출판 등록 2007년 8월 17일 제313-2007-000166호
02880 서울시 성북구 성북로 5-11
전화(02) 7474 001, 팩스(02) 736 5047
commbooks@commbooks.com
www.commbooks.com

ISBN 979-11-430-0598-4 03500

책값은 뒤표지에 표시되어 있습니다.

차례

공공 행정의 AX 전환, 그 문을 열며

인공지능(AI)이 새롭게 여는 공공 행정의 모습은 어떨지 상상해 보자. 당신은 시골 작은 마을에 살고 있다. 거실 소파에 앉아서 스마트폰에 대고 말을 건넨다. "여권을 갱신하고 싶은데 도와줄 수 있니?". 잠시 후 AI 비서가 "안녕하세요, 다음 달에 여권이 만료되네요. 지금 바로 갱신을 신청할까요?"라고 물어본다. 당신은 조용히 "부탁해"라고 대답한다. AI 비서는 필요한 개인정보를 확인한 후 "며칠 내 새 여권이 우편으로 배송될 예정이네요. 신분증을 준비해 주세요"라고 대답한다. 당신은 안도의 한숨을 내쉬면서 미소를 머금고 커피를 마신다.

지금 여러분이 상상한 모습이 에스토니아에서 현실로 일어나고 있다. 이 AI 비서는 '부로크라트(Bürokratt)'다 (Mäe, 2023). 부로크라트는 공공 서비스가 어떻게 변할지 보여 주는 대표적인 사례다. 이 AI 비서는 24시간 365일 쉬지 않고, 시민의 질문에 답변하고, 신청이나 필요한 절차를 안내해 준다. 시민은 자신의 스마트폰에서 대화로 필요한 공공 서비스를 한 번에 처리할 수 있다. 에스토니아 정부는 개인 맞춤형 AI 비서를 통해 공공 서비스를 제공하고 있다. 상상 속의 경험이 에스토니아의 시민에게는 일상이 되어 가고 있다.

그럼 사무실에서는 어떤 일이 일어나고 있는지 상상해 보자. 당신은 아침에 출근해서 컴퓨터를 켜고 AI 동료에게 인사를 건넨다. 오늘 당신은 수십 페이지의 보고서를 읽고 요약해야 한다. 이전에는 온종일 보고서를 읽고 요약해야 했지만, 이제 당신은 AI 동료에게 "보고서의 핵심 내용을 정리하고 통계도 분석해 줘"라고 요청한다. 당신은 AI 동료 덕분에 반복적이고 일상적인 업무에 들인 시간을 줄일 수 있다.

2023년 싱가포르 정부는 보고서 작성과 회의록 정리까지 다양한 업무를 처리해 주는 AI 동료 '페어(Pair)'를 정부 기관에 도입했다. 1년 만에 약 6만 명의 공무원이 페어를 업무에 사용했고 누적 요청 사항은 천만 건을 넘었다(Ong & Chew, 2024). 페어는 공무원 전용 GPT다. 질문을 입력하면 필요한 정보를 찾아주고, 글을 요약하거나 초안을 작성하는 등 개인 비서 역할을 하고 있다. 특히 페어는 보안을 위해 정부 기관 내부망에서만 작동하도록 설계되었다. 이제 싱가포르 공무원에게 페어는 없어서는 안 될 소중한 동료며, 페어와 같이 일하는 모습은 일상적인 풍경이 되었다.

분명한 것은 이러한 인공지능 전환(AX, AI Transformation)의 거대한 흐름이 이미 시작되었다는 것이다. 이 흐름을 거스를 수 없는 시대가 오고 있다. 바야흐로 AX는 공공 행정의 '새로운 표준(new normal)'이 될 것이다. AX는 조직의 모든 프로세스에 AI 시스템을 도입해 관리와 운영 방식 자체를 근본적으로 변화시킬 것이다. AX 시대에는 AI 알고리즘이 실시간으로 데이터를 분석하고 예측해 판단하는 새로운 프로세스가 도입된다. 공공 서비스는 개인에게 최적화되어 맞춤형으로 더 빨라진다.

AX 시대의 공공 서비스는 점점 투명해지고, 우리가 알지 못하는 사이에 시민 각자에게 필요한 서비스를 제공할 것이다. AI 기반의 공공 서비스가 시민의 삶에 스며들어 삶의 일부가 될 것이다. 아이가 태어나면 신고를 하지 않아도 AI 비서가 출생 신고를 도와주고, 육아 지원 정보를 제공할 것이다. AI 비서가 고령자의 운전면허증 갱신을 대신 처리해 줄 것이다. 취업을 준비하는 청년에게 일자리 지원금이나 맞춤형 직업 훈련의 기회를 추천하고, 필요한 정보와 혜택을 지원할 것이다.

AX 시대에는 공무원의 역할도 필연적으로 변할 수밖에 없다. AI는 이제 공무원의 새로운 '동료'가 되어 반복적인 업무를 처리할 것이다. 초기 단계에서는 AI와의 협업이 어려울 수 있지만 공무원들도 점점 AI를 일상적이고 반복적인 업무를 도와주는 '협력자'로 인식하게 될 것이다. 공무원에게 AI 기술을 이해하고 활용하는 스킬이 필수적이며, 부서 간 칸막이를 넘어 공유와 협업이 필수적인 시대를 맞이하게 될 것이다. 아울러 AI의 판단에 어떻게 개입하고, 인간의 가치를 어떻게 투영할 것인가에 대한 윤리적 문제도 직면하게 될 것이다. 이제 공무원의 역할에 대한 새로운 정의가 필요할 것이다.

AX 시대 공무원의 핵심 역할

이 책은 AX 시대 공무원의 핵심 역할을 다섯 가지로 설명한다. 의사 결정 중재자, 게이트키퍼(gatekeeper), 협업 조율자, AI 스킬 학습자, 시민 중심 서비스 설계자다.

첫 번째로, 의사 결정 중재자는 AI 결과를 해석하고 조율하는 역할이다. AI 시스템이 모든 공공 서비스에 도입되면, 가장 먼저 변화하는 역할은 '결정의 주체'다. AX 시대에 공무원은 AI가 분석하고 판단한 결과를 검토하고 중재하는 새로운 역할을 맡을 것이다. AI는 인간보다 빠르게 대규모 데이터를 실시간으로 처리하고 예측할 수 있다. 하지만 전체적인 상황이나 맥락을 이해하고,

윤리적 고려와 법적 해석을 가하는 일은 여전히 인간의 고유 영역으로 남아 있을 것이다. 예를 들면, AI 시스템은 복지 지원금 신청자를 거절할 수 있지만, 당사자가 사각지대에 있는 대상자일 수 있다. 이 경우, 공무원은 자신의 판단을 다시 해석하고, 예외를 고려한 중재자 역할을 해야 한다. 공무원은 AI 시스템의 '감시자'가 아니라 AI의 의사 결정 파트너로서 정책을 마지막으로 결정하는 역할을 해야 한다. 이제 공무원은 AI를 통제하는 존재가 아니라 기술과의 협업 속에서 책임 있는 결정을 내려야 하는 주체가 될 것이다.

두 번째로, 게이트키퍼는 AI 기술이 올바르게 작동할 수 있도록 윤리적으로 감시하는 역할이다. AI는 매우 빠르고 효율적이지만, 오용되거나 편향될 수 있다. 데이터 편향성과 알고리즘 오류 등으로 의도치 않은 문제를 일으킬 수 있다. 그 결과 특정 집단이나 계층이 부당한 대우를 받거나 인간의 권리와 존엄성이 침해받을 수 있다. 공무원은 이 지점에서 윤리적 게이트키퍼 역할을 해야 한다. AI가 자동으로 내린 결정이 윤리적 혹은 법적으로 정당한지를 최종적으로 검토하고 승인해야 한다. 이는 AI 기술을 검증하는 수준을 넘어 인간의 가치와 존엄성을 지키는 것이다. 공무원은 기술 위에서 판단하는 윤리적 관리자가 되어야 한다. 공무원은 AX 시대의 최후의 안전장치이며, 시민의 신뢰를 지키는 마지막 보루가 되어야 한다.

세 번째로, 협업 조율자는 정부 기관과 부서 내 칸막이를 허무는 조정자 역할이다. AX 시대에는 조직의 모든 프로세스가 재정의될 것이다. 하나의 공공 서비스를 AI 시스템으로 제공하기 위해서는 여러 정부 기관과 부서 간 협력과 통합이 필요하다. 예를 들면 에스토니아의 AI 비서가 여권 갱신을 처리하기 위해서는 정부 기관(외교부, 법무부, 지방 자치 단체 등)의 네트워크와 부서 간 업무(신청, 승인, 발송 등) 프로세스가 통합되어야 한다. 이때 공무원은 다양한 이해관계자와 소통하고 협의하며 이들을 매끄럽게 연결하는 중재자 역할을 해야 한다. 공공 가치 실현이라는 비전하에서 기관과 부서 간 경계를 넘어 소통의 허브가 되어야 한다.

네 번째로, AI 스킬 학습자는 AI 리터러시 스킬을 갖춘 전문가 역할이다. AI와 같이 협업하기 위해서는 기술을 사용하는 수준을 넘어 AI의 원리를 이해하고 활용할 줄 알아야 한다. 이제 공무원은 단순한 AI 도구 사용자가 아니라 AI 리터러시를 갖춘 전문가가 되어야 한다. AI 시스템의 결과를 이해하고 해석할 줄 알아야만 AI 의사 결정 과정에 개입할 수 있다. 또한 AI가 권고한 의사 결정을 시민에게 투명하게 설명할 줄도 알아야 한다. AX 시대에 공무원은 AI 알고리즘과 모델 등을 시민에게 설명 가능하고 이해할 수 있는 언어로 전달할 의무를 질 것이다. 공무원은 AI 기술 발전에 따라 AI 리터러시 스킬을 습득해야 할 것이다.

마지막으로, 시민 중심 서비스 설계자는 AI 기술을 통해 시민의 삶을 더 나아지게 만드는 역할이다. AX의 최종 목적은 기술의 구현이 아니라 시민이 더 편안하고 즐거운 삶을 누릴 수 있도록 하는 것이다. 이 책에 소개된 사례(에스토니아, 캐나다, 싱가포르 등)에서 우리는 AI 시스템이 시민 개개인의 상태와 필요를 예측해 사전 예방적으로 공공 서비스를 제공하는 것을 볼 수 있을 것이다. 시민의 상황과 맥락에 맞춘 개인화된 서비스다. AX 시대에 공무원은 시민의 관점에서 시민의 요구를 예측해 빠르게 대응할 수 있는 AI 시스템을 설계해야 할 것이다.

이 책의 메시지는 'AX는 기술 도입이 아니라 시민 중심의 공공 서비스를 실현하기 위한 구조적 혁신'이다. AI 시스템은 공공 서비스를 더 정확하고 신속하게 변화시킬 것이지만, 공무원이 어떤 가치관과 철학을 AI에 투영

하느냐에 따라 달라질 수 있다. 단순히 자동화와 비용 절감을 넘어서 AI 공공 서비스를 더 공감하고 따뜻한 형태로 변모시킬 수 있다.

공무원의 역할

이 책은 AX 시대에 '공무원은 누구인가?', '공무원은 누구를 위해 존재하는가?', '왜 공무원에게 이전 시대와는 전혀 다른 역할이 필요한가'에 대한 근본적인 질문에 답하기 위한 글이다. AI가 우리를 대체하는 것이 아니라 AI를 인간을 위한 도구로 삼을 수 있는 '공무원의 역할'을 파악하고자 했다.

AX 시대의 중요한 혁신은 기계가 인간을 대신하는 것이 아니라 인간이 기계를 통해 더 인간다워지는 것이다. 이 변화의 한가운데에 공무원이 있다. 공무원은 AI 기술을 통제하는 전문가, 시민을 보호하는 윤리 관리자, 소통하는 협력자, AI 기술을 이해하는 학습자, 시민을 위해 혁신을 설계하는 디자이너로 변해야 한다.

엔비디아의 CEO 젠슨 황(Jensen Huang)은 "범용 인공지능(AGI, Artificial General Intelligence) 시대가 5년 남았다"라고 했다(Kamps, 2024). AGI는 '인간과 유사한 수준의 이해와 학습 능력을 보유한 범용 인공지능'이다.

AX 시대의 AI와 달리 AGI는 '자율적 의사 결정 능력'을 갖춘 최종 의사 결정의 주체로 진화할 수 있다. 인간의 최종 판단 없이도 자율적으로 시민 각각의 상태를 더 정확하게 예측해 필요한 공공 서비스를 더 빠르게 제공할 것이다. 더불어 AGI의 등장으로 공무원은 공공 행정의 본질적 가치와 인간의 존엄성을 지키기 위한 윤리적 딜레마에 직면할 것이다. 자율 의사 결정 능력을 겸비한 AGI는 의도적으로 정부 시스템을 공격할 수 있다. AGI는 네트워크로 통합된 정부 기관의 AI 시스템을 의도하지 않은 방향으로 통제할 수 있다. 따라서 공무원은 AGI가 일으킬 수 있는 대규모 위기 상황에 대한 새로운 대응 전략과 계획이 필요할 것이다. AX 시대보다 더 전문적이고 윤리적인 역할이 공무원에게 요구될 것이다.

AX 시대의 새로운 문이 활짝 열리고 있다. 우리는 새로운 AX 시대 변화를 경험할 수 있는 다양한 사례들을 소개할 것이다. 캐나다, 싱가포르, 영국, 유럽, 미국 등 글로벌 국가들이 AX 시대를 어떻게 준비하고 있는지 살펴볼 것이다. 또한 우리에게 다가오는 AX 시대의 도전과 기회도 같이 모색할 것이다. 또한 멀리서 밀려오는 AGI 시대의 모습도 살펴보고자 한다. 이 책이 곧 다가올 미래의 공공 행정의 모습을 경험해 볼 수 있는 기회가 되었으면 한다.

참고문헌

Kamps, H. J.(2024.3.19). Nvidia's Jensen Huang says AI hallucinations are solvable, artificial general intelligence is 5 years away. *TechCrunch,* https://techcrunch.com/2024/03/19/agi-and-hallucinations

Mäe, I.(2023.5). Estonia's Bürokratt, a concept of how state could operate in the age of artificial intelligence, again in UNESCO's global list of top AI projects. Invest in Estonia, https://investinestonia.com/estonias-burokratt-is-a-concept-of-how-state-could-operate-in-the-age-of-artificial-intelligence

Ong, B. & Chew, G.(2024.9.26). Pairing with AI for public sector impact in Singapore. UNDP Singapore global centre, https://www.undp.org/policy-centre/singapore/blog/pairing-ai-public-sector-impact-singapore

01
AX 시대의 도래와 이해

AX는 디지털 전환(DX)을 넘어 AI 알고리즘으로 공공 분야의 핵심 프로세스와 의사 결정을 변화시키는 개념이다. 찬드라 등의 연구를 참고해 AX의 개념을 명확히 하고, 공공 분야 공무원의 역할이 의사 결정 중재자(decisional mediator)로 변화하고 있음을 제시한다. 알고리즘화에 따른 조직과 업무 프로세스 재설계에 대해서도 논의한다.

AI와 1인 창업?

AX의 이해

AX(AI Transformation)는 조직의 핵심 프로세스, 의사 결정, 서비스에 AI 기술을 도입해 관리 및 운영 방식을 근본적으로 변화시킨다. 세계경제포럼(World Economic Forum, 2025)은 AI가 업무 수행 방식의 '모든 것을 변화시킬 수 있으며, 결국 공공 서비스를 혁신적으로 개선할 수 있다'라고 했다. 디지털 전환(DX, Digital Transformation)은 아날로그에서 디지털로의 이동을 의미하고, AX는 AI 알고리즘이 의사 결정이나 업무를 지원하거나 대체하는 등 새로운 프로세스의 도입을 뜻한다. 실시간으로 데이터를 분석하고, 의사 결정하는 프로세스를 '알고리즘화'한다(Chandra & Feng, 2025). 공공 분야의 AX는 AI 알고리즘을 통해 시민의 요구를 즉각적으로 처리함으로써 공공 서비스를 근본적으로 변화시킨다.

AX는 DX를 기반으로 구축되지만, AI 알고리즘을 통한 즉각적이고 자율적인 프로세스로, 한 단계 더 발전된 시스템이다. DX 서비스에서 시민은 온라인으로 정책을 신청할 수 있지만, AX 서비스에서는 AI 알고리즘이 실시간으로 시민의 현 상태를 확인할 수 있다. DX 시대에 공무원은 정해진 규칙에 따라 결정했다면, AX 시대에는 AI 결과를 감독하고 해석하는 '의사 결정 중재자(decisional mediators)'로서의 역할을 해야 한다(Chandra & Feng, 2025).

AX는 데이터에 기반한 개인화된 공공 서비스를 더 효율적으로 제공할 것으로 기대되는 만큼 투명성과 책임성에 대한 우려도 크다. 알고리즘 편향성, 의사 결정 근거의 불투명성, 인간 감독 필요성 같은 이슈가 AX 시대의 주요 문제다.

향후 AI 알고리즘을 도입하고 운영하는 프로세스를 완전히 '재설계(redesign)'해야 할 것이다. 이는 의사 결정의 역동성(일부 의사 결정을 인간에서 AI 또는 인간과 AI 협력으로 전환)과 서비스 역동성(사전 예방적 또는 예측적 서비스로 전환)으로의 변환을 의미한다(Chandra & Feng, 2025). 이제 공무원은 새로운 프로세스의 AX 시대를 맞이한 것이다.

알고리즘화

AX의 알고리즘화는 업무 프로세스의 AI 자동화로 의사 결정의 로직(logic)이 강화된다(Portela et al. 2024). 알고리즘화는 자동화된 의사 결정 로직을 업무 프로세스에 내장하는 것을 의미한다. 이는 단순히 전자 문서로의 변환이라는 디지털화를 넘어 실제로 의사 결정 과정을 알고리즘에 위임함으로써 공공 서비스를 더 빠르고 일관성 있게 제공하는 것이다. 실제로 많은 일상적 업무가 알고리즘에 의해 처리될 것이다. 자동화된 의사 결정(automated decision making) 시스템은 자동으로 시민의 정책 혜택 자격을 평가하고, 위험 평가를 수행하며, 사기를 탐지하거나 사회 복지 프로그램의 자원을 할당한다(Portela et al., 2024). 알고리즘은 복지 혜택 신청 데이터를 수집하고, 학습된 패턴 결과를 기반으로 개인에게 혜택 자격이 있는지를 결정한다. 이러한 시스템은 단순한 규칙 기반의 점검표(if, then)가 아니라 사례를 분류하고, 우선순위를 결정하고, 이상값을 찾아낸다. 알고리즘이 공공 서비스에 통합되면 일상적인 업무는 더 신속하게 처리하는 동시에 실시간 예측을 기반으로 자원을 효율적으로 관리할 수 있다(Portela et al., 2024).

의사 결정 중재자

AX로 알고리즘은 더 많은 기능을 수행할 수 있지만, AI 기반의 자동화된 의사 결정에서도 인간의 판단은 여전히 중요하다. 인간의 역할은 AI의 역할을 감독하고 조정하는 '의사 결정 중재자' 혹은 알고리즘 결정 감독관으로 진화할 것이다(Portela et al., 2024). 인간은 AI 결과와의 상호작용을 통해 권장 사항을 검증하고, 모델 결과를 해석하고, 예외적인 사례를 처리해야 한다.

AX에서 AI 시스템은 '하이브리드 인간 루프 모드(hybrid human in the loop mode)'로 구축될 것이다(Portela et al., 2024). 인간이 알고리즘의 예비 평가 결과를 검토 및 검증해 최종 의사 결정을 내리는 구조다. 알고리즘은 복지 정책 신청자가 부적격하다고 결론을 내릴 수 있지만, 공무원은 해당 결과를 검증해 알고리즘의 판단을 수정할 수 있다. EU의 「일반 데이터 보호 규정(GDPR, General Data Protection Regulation)」 제22조는 실제로 인간에게 중대한 영향을 미치는 완전 자동화된 결정을 금지하고 있으며, 인간이 최종 결정을 내려야 한다고 정의한다. 공무원은 알고리즘이 제대로 평가할 수 없는 결정에서 윤리적, 법적 추론을 검토하는 중요한 게이트키퍼 역할을 해야 한다.

공무원은 책임성을 보장하는 중재자로서 AI 알고리즘 결과가 공공 정책과 공공성의 가치에 부합하는지를 확인해야 한다.

첫째, 알고리즘 결과를 검증해 이것이 상황에 맞는지 확인하고 필요한 경우에는 이를 수정한다. 둘째, 알고리즘 결과를 해석하고 설명해야 한다. 예를 들면 AI가 위험을 알리는 결과 혹은 범주(예: 재범 위험 경고)를 제공하면 이것이 무엇을 의미하는지, 그리고 어떻게 도출되었는지 설명해 결정이 투명한지 확인해야 한다. 마지막으로 공무원은 예외적인 상황과 윤리적 딜레마 즉 알고리즘의 결정이 공정성과 공익에 충돌하는 사례를 처리해야 한다. 알고리즘은 전반적인 맥락을 이해하지 못할 수 있으므로 공무원은 시민의 특별한 상황이나 법적 지침에 따라 알고리즘의 결과를 수정할 수 있다.

공무원은 비판적인 판단으로 AI와 협력해야 한다.

프로세스 재설계

AX는 기존의 프로세스를 알고리즘 기반의 프로세스로 재설계하는 것이다. DX는 종이 문서를 전자 문서로 전환해 속도와 접근성을 개선하는 수준이었지만, AX는 사전 예방적이고 개인화된 서비스로의 전환으로, AI를 중심으로 프로세스를 처음부터 다시 설계해야 한다. 이를 통해 변화하는 상황에 유연하게 대처할 수 있다. 복지 서비스의 경우, 위험에 처한 시민이 도움을 요청할 때까지 기다리는 대신 예측 분석을 통해 필요한 도움을 사전에 제공할 수 있고, 노숙자나 실업 위험이 큰 개인이나 가족을 사전에 식별해 도움을 줄 수 있다(Digital Defynd, 2025).

또한 AX는 정책 결정의 프로세스를 보다 실험적이고 증거에 기반한 프로세스로 전환한다. 경제 부처는 새로운 경제 정책을 시행하기 전에 AI 모델로 정책이 미치는 영향을 다양한 시나리오로 평가할 수 있고, 세금 공제 같은 정책을 다양한 '가정(what if)' 시나리오를 통해 신속하게 평가해 빈곤율 변화나 일자리 창출 같은 결과를 더 정확하게 예측할 수 있다. AI 예측 결과에 대한 피드백은 정책과 프로세스를 반복적으로 개선해 과거의 정적인 분석을 뛰어넘어 증거 기반 정책 설계로 이어진다 (Digital Defynd, 2025).

AX는 지능형 인터페이스와 프로세스를 자동화해 시민에게 제공하는 대면 서비스를 재설계한다. 대규모 언어 모델(LLM, Large Language Model) 기반의 AI 대화형 비서가 대표적인 예다. 시민은 복잡한 양식을 찾거나 줄을 서서 제출할 필요 없이 AI 대화형 비서와 질문을 통해 필요한 서류를 찾고, 개인에게 필요한 맞춤형 정보를 얻을 수 있다. 미국 노스캐롤라이나주는 대화형 비서 '펠릭스(Felix)'를 도입해, 온라인으로 실업 수당을 신청하는 시민에게 필요 서류를 안내하고, 실시간으로 신청서를 제출할 수 있도록 지원함으로써 실업 수당 신청 프로세스를 근본적으로 변화시켰다(Leonard, 2025). 시민은 연중무휴 24시간 AI 대화형 비서와 대화로 문의하고, AI 대화형 비서는 문제를 즉시 파악해 오류를 수정한다. 시민이 콜센터나 직접 방문해서 처리해야 하는 프로세스가 간소화되었다. 또한 AI 기반 지능형 인터페이스는 이전 답변을 기반으로 개인화된 서비스를 시민에게 제공한다.

AX는 프로세스를 디지털화하는 것을 넘어 공공 서비스의 결정과 상호작용의 구조와 시기를 변화시킨다. 패턴 인식, 자연어 처리, 예측 분석 등의 AI 알고리즘을 중심으로 프로세스를 근본적으로 재설계함으로써 기존에 달성하기 어려웠던 속도, 효율성은 물론 형평성까지 개선한다. 알고리즘 중심의 AX는 더 능동적이고 지능적으로 정책 목표를 달성할 수 있는 패러다임의 전환을 의미한다.

참고문헌

Chandra, Y. & Feng, N.(2025.1). Algorithms for a new season? Mapping a decade of research on the artificial intelligence-driven digital transformation of public administration. *Public management review*, pp.1-35, https://www.researchgate.net/publication/388148114_Algorithms_for_a_new_season_Mapping_a_decade_of_research

_on_the_artificial_intelligence-driven_digital_transformation_of_public_administration
Digital Defynd(2025). The role of AI in public policy making, https://digitaldefynd.com/IQ/role-of-ai-in-public-policy-making
GDPR.EU(n.d.). General Data Protection Regulation(GDPR), Art. 22 GDPR, Automated individual decision-making, including profiling, https://gdpr.eu/article-22-automated-individual-decision-making
Leonard, L. J.(2025.2.21). Filing for unemployment insurance gets easier as new online chat system launches. North Carolina, Department of Commerce, https://www.commerce.nc.gov/news/press-releases/2025/02/21/filing-unemployment-insurance-gets-easier-new-online-chat-system-launches
Portela, M. et al.(2024.7.28). The influence of automated decision-making systems in the context of street-level bureaucrats' practices. *ArXiv,* https://arxiv.org/abs/2407.19427
World Economic Forum(2025.1.24). How to 'rewire' governments to se AI in the Intelligent Age, https://www.weforum.org/stories/2025/01/rewire-governments-ai-in-the-intelligent-age-meta/

02
AX 거버넌스 체계

AX 거버넌스는 AI 도입 과정 전반에 책임성과 투명성을 확보하는 체계를 구축하는 것이다. 경제개발협력기구의 G7 AI 툴키트와 AX 성숙도 모델을 기반으로 단계적 접근, 범정부 협력 체계, 인적 자원의 업스킬링(upskilling)과 조직 문화 혁신, 그리고 지속적인 모니터링과 평가 등 AX 거버넌스를 효과적으로 구현하기 위한 전략을 설명한다.

AI와 MBTI?

AX 거버넌스

AX 거버넌스는 단순히 기술을 시스템에 통합하는 것이 아니라 조직 혁신, 인력 관리, 책임 및 윤리 규정, 그리고 협력적인 문화를 구축하는 총체적인 접근(holistic approach)이다. 경제개발협력기구(OECD, 2024)는 『G7 공공 부문 AI 툴키트(G7 Toolkit for AI in the Public Sector)』에서 효과적인 AX 거버넌스 구축을 위한 다섯 가지 차원을 제시했다. 단계적 구현과 민첩한 변화, 협력적 거버넌스와 감독 체계, 인적 자원 업스킬링과 조직 문화 변화, 정부 기관 간 지식 공유, 그리고 지속적인 모니터링 구축이다.

단계적 구현과 민첩한 변화는 AI 시스템을 문제 설정, 아이디어 생성 및 발전, 시제품 개발, 파일럿 테스트, 확장의 단계로 접근하는 것이다. 변화 관리의 측면에서는 이러한 접근으로 각 단계를 효과적으로 학습하고 빠르게 개선해 실패를 최소화하고, 변화에 신속하게 대응할 수 있다. 또한 단계별로 이해관계자를 참여시켜 교차 검증이 가능해 민첩한 피드백 환류 체계를 구축할 수 있다. 단계적 접근과 민첩한 환류 체계는 변화를 실험하고 확대해 조직의 저항을 줄이고, 점진적으로 역량을 강화할 수 있다.

대규모 AI 시스템을 구현하기 위해서는 협력적 거버넌스와 감독 체계가 필요하다. 특히 정부는 '범정부 접근 방식(whole-of-government approach)'을 취해야 한다. 즉 정부 내 다양한 기관이 AX의 전체 목표 달성을 위해 전체적으로 협력해 AX 전략을 실행해야 한다. 정부는 각 기관의 명확한 역할과 책임을 정의함으로써 협력적 거버넌스 생태계를 구축할 수 있다. 이는 시민의 신뢰를 유지하고 확보하는 데 매우 중요하다. 정부는 AI 프로젝트를 승인하고, 위험성을 감시 및 감독하며, 알고리즘을 인증하기 위한 제3의 평가 기관을 선정하는 등 모든 프로세스에 대한 거버넌스를 구축해야 한다.

인적 자원의 업스킬링과 조직 문화 변화는 AX 전략의 중요한 부분이다. AI 시스템 도입이 성공하기 위해서는 조직 구성원들의 새로운 기술 습득과 사고방식이 필요하다. 글로벌 국가의 기본적인 AX 전략은 다양한 AI 교육[세미나, 해커톤(hackathon) 등]으로 공무원의 전반적인 AI 리터러시를 업스킬링하는 것이다. 그리고 리더의 지원, 학습 문화 강조, 교차 기능팀(cross-functional team) 구축 등 AI 혁신을 장려하는 환경을 지원한다. 이러한 교육과 지원은 새로운 AI 시스템 도입에 대비하고 AI에 대한 긍정적인 조직 문화를 조성한다.

정부 기관 간 지식 공유는 AI 시스템 도입을 장려하고 학습 환경을 조성하는 데 중요한 역할을 한다. 이는 정부 내 네트워크, 포럼과 실무 커뮤니티를 장려하는 것이다. 예를 들면 영국 중앙디지털데이터청(Central Digital and Data Office)은 정부 내 모든 AI 파일럿 팀과 실무 그룹을 정기적으로 소집해 AI 시스템 도입 사례를 공유한다. 정부 간 벽을 낮춰 AI 지식과 교훈을 공유함으로써 범정부적인 접근의 AI 시스템 도입을 촉진한다(OECD, 2024).

마지막으로 지속적인 모니터링 구축은 AI 시스템이 서비스를 제공한 후 피드백과 감독 관리 체계를 구축하는 것이다. AI 시스템을 평가해 의도한 결과를 시민에게 제공하는지 확인해야 한다. 정기 감사, 편향성 검사, 규정 준수 점검 등을 통해 AI 결과가 정책 목표와 공공 가치와 부합하도록 하기 위함이며, AI 수명 주기 전반에 걸친 지속적인 감독이다. 평가 결과는 시민과 내부 이해관계자들에게 제공해 신뢰와 투명성을 강화할 수 있다. 지속적인 감독은 AI 혁신의 지속적인 변화를 의미하며, 시민의 신뢰와 참여를 높인다.

AX 성숙도 모델

AX 성숙도 모델은 AX 거버넌스 구축을 위한 단계별 지침이다. AX 성숙도는 체계적인 접근과 전략을 정의하는 데 활용된다. 또한 AI 프로젝트를 수행하는 윤리적, 기술적, 운영적 위험을 미리 식별해 예산 낭비와 차별적 결과 등 부정적 결과를 사전에 점검할 수 있다. 이를 통해 AI 시스템 도입에 필요한 자원을 인프라 구축, 데이터 품질 확보 등 우선순위에 기반해 효율적으로 배분할 수 있다. AX 성숙도는 AI 시스템의 책임성, 투명성 그리고 공정성 같은 윤리적 기준의 거버넌스를 정의하고, AI 시스템이 장기적이고 지속 가능한 공공 가치 창출할 수 있는 가이드를 제공한다(Desouza, 2021).

데수자는 AX 성숙도 모델을 다섯 단계로 구분했다. 첫 번째 단계는 임시적(Ad Hoc) 수준이다. 일부 정부 기관은 AI 시스템의 설계, 개발, 배치, 서비스 계획이 마련되어 있지 않을 수 있다. 또한 AI를 통한 혁신의 필요성을 조직 구성원들이 느끼지 못하거나 그중 일부만이 그 필요성을 느낄 수 있다. 이 경우, 기관은 데이터세트가 부족하고, 알고리즘을 개발하고 안정적으로 실행할 수행 능력도 부족하며, AI 시스템 도입에 대한 잠재적 위험과 관리 전략도 부족하다. 이 단계의 목표는 소규모 AI

프로젝트를 수행하기 위한 역량을 갖추는 것이다.

두 번째 단계는 실험(Experiment) 수준이다. 이 단계는 AI 시스템 도입을 위한 조직 차원의 실질적인 첫 단계로, 실험적인 파일럿 프로젝트를 통해 AI 도입을 탐색하는 과정이다. 데이터세트를 개발하고, 컴퓨팅 시스템을 업그레이드하고, 분석 기능을 구축한다. 혁신에 대한 중요성을 인식하고 윤리 및 거버넌스 가이드라인을 구축한다. 개인 중심의 일시적 접근에서 조직 중심으로의 전환을 의미한다.

먼저, 파일럿 프로젝트를 쉽게 달성할 수 있는 개선 사항(문서 작성 자동화 등)이나 한 단계 높은 조직 목표를 설정한다. 아직 기술적 인프라가 부족하므로 위험을 관리하고 목표를 달성할 수 있는 전문 인력을 배치한다. 이들은 실패를 학습 기회로 받아들이고 저비용과 저위험 환경에서 혁신을 이끌어 낸다. 이러한 초기 실험과 성공을 통해 AI 시스템 도입에 관한 관심이 높아지며, 실험과 혁신에 대한 인식이 확산한다.

세 번째 단계는 계획 및 배치(Planning and Deployment) 수준이다. 실험 단계에서 얻은 교훈을 바탕으로 AI와 관련된 전략적 의사 결정을 수립한다. 이제 AI는 부수적인 이니셔티브가 아니라 조직의 전략적 계획의 필수 요소가 된다. AI의 이점, 비용, 위험을 잘 인식하게 되고, 보다 큰 프로젝트를 시작할 실무 경험을 쌓는다. 관리자의 관심과 참여가 높아지고, 이들은 적극적으로 AI 프로젝트를 지원하는 문화를 조성하고, 내부 이해관계자들을 참여시킨다.

이제 조직은 다양한 AI 이니셔티브를 추진하기 위한 중요한 요소를 파악할 수 있다. 컴퓨팅 인프라 투자, 공공과 민간 파트너십 구축, 전문 인력 채용, 포괄적인 데이터세트 생성, 책임과 규정 준수를 위한 데이터 거버넌스 구조 등의 구축이다. 이제 조직은 AI를 혁신적 자산으로 간주하는 전환점에 도달해 조직의 전략적 위치를 재조정하며, 새로운 형태의 혁신 및 공공 서비스를 지원하고, 내부 운영 방식을 재편한다.

네 번째 단계는 확장 및 학습(Scaling and Learning) 수준이다. 이제 조직은 체계적이고 전략적인 방식으로 AI 시스템 도입을 확장하는 데 초점을 둔다. AI 도입에 대한 우선순위를 정하고 내부 직원의 스킬을 강화하기 위해 적극적으로 노력한다. 조직의 인프라 역량을 평가 및 개선하고, 전략적 기술 투자를 진행하며, 조직 차원의 데이터세트를 개발 및 결합하고 통합적인 AI 시스템 개발을 지원한다. AI 시스템의 윤리, 법률과 규정을 충족하기 위해 노력하고, 데이터 감사를 위한 지침 개발, 편향성 식별 기준, 공식적인 거버넌스 구축 등을 통해 책임성을 확보한다. 외부 기관과의 강력한 파트너십을 강화해 전체 AI 시스템의 결과를 공유하고 개선하며, 비효율을 줄이기 위한 학습 메커니즘을 갖춘다.

마지막 단계는 조직 차원의 변혁(Enterprise Wide Transformation) 수준이다. 이제 조직은 AI가 어떻게 공공 가치를 창출할 수 있는지 명확하게 이해하게 된다. AI 시스템이 정책을 지원하고 시민에게 서비스를 혁신적으로 제공한다. 성공적으로 구축된 거버넌스를 통해 AI 시스템의 효율성을 정기적으로 관리 및 감독한다. 강력한 혁신 환경이 조성되어 시민, 학계 연구자, 외부 기관과의 빠른 환류 체계도 구축해 종합적인 시스템 통합 관점에서 AI를 관리한다.

참고문헌

Desouza, K. C.(2021). Artificial intelligence in the public sector: A maturity model. IBM center for the business of government, https://www.businessofgovernment.org/sites/default/files/Artificial%20Intelligence%20in%20the%20Public%20Sector.pdf

OECD(2024.10.15). *G7 toolkit for AI in the public sector*,

https://www.oecd.org/content/dam/oecd/en/publications/reports/2024/10/g7-toolkit-for-artificial-intelligence-in-the-public-sector_f93fb9fb/421c1244-en.pdf

03
효율성과 생산성 향상

공공 부문의 AI 도입 사례로 싱가포르의 AI 페어 스위트, 캐나다의 IRCC, 에스토니아의 부로크라트 등을 소개하며 이들 시스템이 업무 효율성 향상과 생산성 증대로 이어지는 구체적 메커니즘과 성과 사례들을 정리해 설명한다.

AI와 난임 극복?

싱가포르 AI 페어 스위트

싱가포르 정부는 2023년 'AI 페어 스위트(Pair Suite)' 시스템을 도입해 공무원의 일상 업무를 자동화하고 있다. 약 6만 명의 공무원이 사용하고 있으며, 행정 업무에 걸리는 시간을 약 46% 절약했다(Ong & Chew, 2024). 이 시스템은 '페어 챗(Pair Chat, 챗GPT와 유사한 비서)', '페어 팀(Pair Team)', '페어 서치(Pair Search)'로 구성된다. 이 시스템의 특징은 대규모 언어 모델의 자연어 처리 기능, 보안 유지를 위한 비공개 폐쇄형 클라우드, 그리고 싱가포르 정부 맥락 학습에 기반한 안전하고 정확한 결과의 제공이다.

싱가포르 공무원은 페어 챗을 활용해 문서 요약, 번역, 코딩, 기밀 데이터와 정보 분석 등 다양한 업무를 빠르고 안전하게 처리한다. 페어 팀은 정부 문서 형태로 회의 보고서를 생성하는 도구로, 1시간 이내에 고품질의 회의보고서를 작성한다(Ong & Chew, 2024). 페어 서치는 공개적으로 접속이 가능한 정부 자료와 문서를 검색해 주는 도구다. 대규모의 데이터를 즉시 검색하고 반복되는 문서 작업을 자동화해 효율성을 현저히 개선하고 있다.

캐나다 IRCC

캐나다 정부는 'AX 전략(AI Strategy for the Federal Public Service 2025-2027)'의 일환으로 다양한 행정 업무에 AI 시스템을 도입하고 있다(Government of Canada, 2025). 이민부(IRCC, Immigration, Refugees and Citizenship Canada)는 2018년부터 급증한 비자 신청을 신속하게 처리하기 위해 AI 시스템을 도입했고, 연간 약 7백만 건의 신청서를 87% 이상 빠르게 처리하고 있다(Government of Canada, 2022). AI 시스템은 비자 신청 데이터를 분석해 위험도와 적격성을 구분한다. 모든 기준을 충족하는 신청자는 빠르게 비자를 승인하는 반면, 위험도가 높거나 의심스러운 사례는 담당 공무원이 처리한다. 천연자원부(Natural Resources Canada)는 희귀 광물 매장 위치를 예측하는 알고리즘과 지하수 데이터를 처리하는 AI 시스템을 운영하고 있다. 또한 여러 정부 부처의 공무원들이 대규모 언어 모델 기반의 AI를 사용한다.

캐나다 정부는 적은 수의 공무원이 더 스마트하고 빠르게 일하는 것을 목표로 AX 전략을 적극적으로 추진하고 있다. 이에 공무원의 생산성이 크게 향상됨에 따라 재무부(Treasury Board of Canada)는 2028년까지 5천 명의 공무원을 감축해 예산을 효율적으로 운영할 계획이다(Government of Canada, 2024).

에스토니아 부로크라트

에스토니아 정부는 시민이 모든 행정서비스를 한 번에 접속할 수 있는 AI 가상 비서 '부로크라트(Bürokratt. 신화에서 명령을 수행하는 하인)'를 도입했다. 시민이 부로크라트에게 질문하면 AI 비서가 모든 정부 홈페이지와 웹사이트를 탐색해 답변을 문자와 음성으로 알려 준다. 시민은 더는 정부 기관의 웹사이트를 검색할 필요가 없다. 이를 위해 30개 이상의 정부 웹사이트를 부로크라트 AI 시스템에 통합했다(E-estonia, 2022).

부로크라트는 단순한 챗봇이 아니라 AI 메타 어시스턴트 역할을 한다. 네트워크상의 모든 정부 AI 비서를 상호 연결해 업무를 처리한다. 예를 들면, 시민이 "여권을 갱신해야 합니다"라고 요청하면, 부로크라트는 경찰, 이민청, 법무부, 지방 정부의 각 AI 비서에게 명령을 내리고 여권 갱신 절차를 진행한다(AI empowering Estonia). 에스토니아 정부는 3천 개 이상의 전자 서비스를 부로크라트 비서를 통해 시민에게 제공하는 것을 목표로 한다(Interoperable Europe).

부로크라트의 도입은 공무원의 업무 방식을 변화시켰다. 공무원은 이제 '대화형 디자이너 혹은 AI 훈련자'로 변하고 있다. 이들은 AI 비서를 훈련하고 데이터를 업데이트하고 잘못된 오류를 수정하며 새로운 답변을 가르친다. 대신 이들은 민감하고 복잡한 문제를 처리하는 데 더 많은 시간을 할애한다.

또한 기관 간의 벽이 낮아지면서 협력적인 업무 프로세스가 구축되었다(Mäe, 2023). 예를 들면, 사용자가 "교통사고가 났어요"라고 요청할 경우, 어떤 기관의 AI 비서가 먼저 응답해야 하는지, 어떤 AI 비서가 후속 조치를 해야 하는지 등을 실행하기 위해 업무 프로세스 통합이 필요하고, 업무 효율화는 공무원의 생산성을 높인다.

일본 로고챗

일본 요코스카시(Yokosuka City, 橫須賀市)는 2023년 업무 효율성을 위해 모든 부서에 생성형 AI(Chat GPT) '로고챗(LoGoChat)'을 시범적으로 도입했다(Kyodo News, 2023.4.20). 공무원은 AI 비서를 사용해 공공 게시판의 초안 작성, 회의 기록 요약, 문서 오류 수정, 정책 아이디어 도출을 수행한다. 이로써 일상적이고 반복적인 업무는 줄어들고, 시민을 위한 더 높은 가치의 서비스에 집중하게 되었다. 지방 정부의 성공 사례를 바탕으로 중앙 정부 기관도 AI 시스템 도입을 추진하고 있다.

참고문헌

AI empowering Estonia(n.d.). Vision – Bürokratt: the next level of digital state development in e-Estonia, https://www.kratid.ee/en/burokratt-visioon

E-estonia(2022.1.26). Estonia's new virtual assistant aims to rewrite the way people interact with public services, https://www.e-estonia.com/estonias-new-virtual-assistant-aims-to-rewrite-the-way-people-interact-with-public-services

Government of Canada(2022.1.24). Advanced data analytics to help IRCC officers sort and process temporary resident visa applications, https://www.canada.ca/en/immigration-refugees-citizenship/news/notices/analytics-help-process-trv-applications.html

Government of Canada(2024.3.1). Refocusing government spending to deliver for Canadians, https://www.canada.ca/en/treasury-board-secretariat/topics/planned-government-spending/refocusing-government-spending.html

Government of Canada(2025.4.10). AI strategy for the federal public service 2025-2027: Overview, https://www.canada.ca/en/government/system/digital-government/digital-government-innovations/responsible-use-

ai/gc-ai-strategy-overview.html
Interoperable Europe(n.d.). Government virtual sssistant Bürokratt, https://interoperable-europe.ec.europa.eu/collection/open-source-observatory-osor/government-virtual-assistant-burokratt
Kyodo News(2023.4.20). Yokosuka becomes 1st local gov't in Japan to begin ChatGPT trial use. https://english.kyodonews.net/news/2023/04/0b30bc9d9174-yokosuka-becomes-1st-local-govt-in-japan-to-begin-chatgpt-trial-use.html
Mäe, I.(2023.5). Estonia's Bürokratt, a concept of how state could operate in the age of artificial intelligence, again in UNESCO's global list of top AI projects. Invest in Estonia, https://investinestonia.com/estonias-burokratt-is-a-concept-of-how-state-could-operate-in-the-age-of-artificial-intelligence
Ong, B. & Chew, G.(2024.9.26). Pairing with AI for public sector impact in Singapore. UNDP Singapore global centre, https://www.undp.org/policy-centre/singapore/blog/pairing-ai-public-sector-impact-singapore

04
시민 경험 중심의 공공 서비스 혁신

AI로 시민을 위한 공공 서비스가 혁신적으로 변화된 사례를 소개한다. 싱가포르의 모먼츠 오브 라이프(Moments of Life), 캐나다의 애그팰(AgPal), 두바이의 라마스(Rammas)와 마흐부브(Mahboub) 등의 사례를 통해 AI 기반의 개인 맞춤형 서비스가 시민의 편의성과 만족도를 높이는 과정을 설명한다.

AI와 사주?

싱가포르의 모먼츠 오브 라이프

싱가포르 정부는 시민 경험(citizen experience)을 높이기 위해 AI 비서 기반의 '모먼츠 오브 라이프(Moments of Life)' 원스톱 시스템을 도입했다(Soon, 2024). 이 시스템의 특징은 생애 주기 전반에 걸쳐 시민에게 필요한 공공 서비스를 제공하는 것이다. 개인화된 맞춤형 AI 기반 비서로서, 개인별 정보와 알람을 시민에게 제공한다. 시민은 AI 비서를 통해 예약 접수 등 관련 공공 서비스를 신청할 수 있다. 일례로, 신생아 출생 신고, 출생 장려금, 예방 접종 등을 모바일 앱에서 간편하게 신청할 수 있다. 출산, 양육, 결혼, 고용 및 취업, 주택 구매 등 시민이 생애 주기에서 가장 많이 경험하는 주요 이벤트를 중심으로 서비스를 제공한다. 약 150만 명(전체 인구 25%)의 시민이 이 시스템을 이용하고 있다.

모먼츠 오브 라이프는 정부 기관 간 장벽이 없는 통합 서비스다(life.gov.sg). 약 100개 기관의 서비스가 통합된 스트림라인 서비스(streamline service)는 기존에 여러 단계를 거치거나 복잡한 절차를 겪어야 했던 시민의 불편을 해소해 주었고, 실제로 서비스 처리 시간이 60분에서 15분으로 줄었다(GovCX Journal, 2025.2.18).

캐나다의 애그팰

캐나다 농식품부(AAFC, Agriculture and Agri-Food Canada)는 생성형 AI 챗봇 '애그팰(AgPal)'을 도입해(agpal.ca) 농업 분야 관계자에게 필요한 지원 정책과 서비스를 안내하고 있다(McDowell, 2025).

애그팰은 사용자와 대화를 통해 농업 분야와 관련된 지원금, 규제와 면허, 인력 관리, 농작물 정보, 성공 사례, 상품 판매 등 모든 정보를 종합적으로 분석해 필요한 내용을 제공한다.

캐나다 정부는 연방 정부와 주 정부 웹사이트를 통합해 사용자가 애그팰에 요청한 사항을 한꺼번에 처리할 수 있는 시스템을 구축했다(Government of Canada, 2025).

특히 애그팰은 행정 분야의 특수한 용어에 익숙하지 않은 농업 종사자들을 위해 사용자 중심의 단계별 대화형 인터페이스를 구축했다. 이 시스템에서는 사용자 질문 의도 및 맥락 분석, 질문 명확화 및 재질문, 제안하기의 단계를 거친다. 신속하고 정확한 답변을 쉽게 제공해 공공 서비스의 사용 경험을 높인다. 예를 들면, 사용자 질문("온타리오주의 유기농 낙농장에는 어떤 보조금이 제공되나요?")의 의도와 맥락을 이해한 후 사용자의 질문을 명확화한다("현재 법인입니까? 아니면 개인 사업자입니까?"). 이후 사용자의 답변을 분석해 제안한다("귀하의 답변을 바탕으로 귀하가 받을 수 있는 지원 자금은 세 가지가 있습니다"). 사용자는 전문적인 행정 언어에 대한 정확한 이해가 없어도 쉽게 정보를 얻는다.

인도의 애스크디샤

인도 정부는 '애스크디샤(AskDISHA) 2.0' AI 챗봇을 도입해 시민이 쉽고 빠르게 기차표를 검색하고 구매할 수 있게 했다. 시민은 AI와 대화를 통해 기차표 예약과 취소, 환불과 예약 변경을 간단하게 처리한다. 매달 1천만 명의 시민이 이 시스템을 사용하고, 이들의 만족도는 88% 이상으로 시스템은 높은 정확성과 편리함을 자랑한다(IRCTC, 2022).

이전 시스템은 제한된 상담 인력으로 사람들이 많은 시간을 대기했으나, 이제 연중무휴 24시간 운영되어 대기 시간을 대폭 단축했다. 또한 이전에는 영어 기반의 인터페이스로 영어에 익숙하지 않은 시민은 사용하기 어려웠으나 애스크디샤는 영어뿐만 아니라 힌디어와 힝글리쉬(힌디어와 영어 합성어)도 함께 제공한다(Sharma, 2024).

두바이의 라마스와 마흐부브

두바이 공공 기관은 다양한 AI 비서를 도입해 시민에게 신속하고 편리한 서비스를 제공하고 있다. AI 비서의 공통적인 특징은 사용자의 맥락과 상황을 이해해 정확한 답변을 제공해 줄 뿐만 아니라 필요한 업무를 대신 처리한다.

두바이 전기·수도부(DEWA, Dubai Electricity & Water Authority)는 AI 비서 '라마스(Rammas)'를 도입해 시민에게 빠른 서비스를 제공하고 있다(dewa.gov.ae/en/rammas). 도입 이후 약 1천만 건의 요구 사항을 처리하고 있으며, 사용 만족도는 95% 이상이다(GCC Business Watch, 2024).

라마스는 오픈AI 챗GPT 시스템을 기반으로 시민의 복잡한 질문과 상황을 이해하고 데이터 학습을 통해 정확성을 즉각 개선한다.

두바이 시민은 스마트 앱, 홈페이지, 아마존 알렉사, 구글 어시스턴트, 페이스북, 왓츠앱, 인스타그램 등 다양한 플랫폼에서 AI 비서와 접속할 수 있다. 시민이 선호하는 디지털 채널을 이용할 수 있게 해 편의성을 높였고, 아랍어와 영어로 24시간 연중무휴 서비스를 제공한다(ZAWYA, 2024).

라마스는 단순한 챗봇이 아닌 업무를 대신 처리하는 AI 시스템이다. 시민은 사무실을 방문하거나 홈페이지에 접속할 필요가 없다. 또 라마스는 요금 결제, 전기 서비스 이전, 수도 사용 중지, 사용량 조회 등 전기 및 수도와 관련된 업무를 대신 처리한다. 예를 들면 라마스에게 전기료를 문의하면("현재 전기 요금을 알려 줘"), AI는 사용자의 정보를 확인하는 질문을 던진다("DEWA 계좌번호 또는 등록된 휴대전화 번호를 알려 주세요"). 사용자가 정보를 제공하면, AI는 현재 금액과 결제 의사를 확인한다("지금 간편 결제를 이용해 납부하겠습니까?"). 사용자는 보안 결재용 창에서 요금을 납부할 수 있다.

도로교통부(RTA, Roads & Transport Authority)의 '마흐부브(Mahboub)'는 교통 정보를 알려 주는 대화형 AI 비서다. 운전면허 시험 예약, 운전면허 갱신, 실시간 교통 상황 및 사고 안내, 대중교통 안내 등 약 250개의 서비스를 제공하고 있다. 약 140만 명이 사용하고 있으며 이들의 만족도는 95%다(Government of Dubai Media Office, 2020).

두바이 정부는 라마스와 마흐부브 같은 다양한 AI 시스템을 스마트 시티에 통합해 광범위한 서비스를 제공할 계획이다.

참고문헌

GCC Business Watch(2024.8.6). DEWA revolutionizes customer experience with generative AI and ChatGPT integration, https://www.gccbusinesswatch.com/news/dewa-revolutionizes-customer-experience-with-generative-ai-and-chatgpt-integration

Government of Canada(2025.4.10). AI Strategy for the federal public service 2025-2027, https://www.canada.ca/en/government/system/digital-government/digital-government-innovations/responsible-use-ai/gc-ai-strategy-overview.html

Government of Dubai Media Office(2020.6.3). RTA's Mahboub reports 610% upsurge in transactions, 195% hike in chats during Covid-19, https://mediaoffice.ae/en/news/2020/June/03-06/RTA-Mahboub-reports-610-percent-upsurge-in-transactions

GovCX Journal(2025.2.18). Case study: Singapore "Moments Of Life" service design, https://journal.govcx.org/case-study-singapore-moments-of-life-service-design

IRCTC(2022.9.27). AskDISHA 2.0, an AI virtual assistant of IRCTC now helps with ticket booking as well, https://indiaai.gov.in/news/askdisha-2-0-an-ai-virtual-assistant-of-irctc-now-helps-with-ticket-booking-as-well

McDowell, A.(2025.3.21). Can AI make the government more efficient? Canada plans to find out. *The Hub*, https://www.thehub.ca/2025/03/21/can-ai-make-the-government-more-efficient-canada-plans-to-find-out

Sharma, R.(2024.1). AI in Indian Railways – Applications and Challenges. *International Journal of Emerging Technologies and Innovative Research,* 11(1), pp.a62~a75. http://www.jetir.org/papers/JETIR2401010.pdf

Soon, L.(2024.8.24). Is Singapore's AI-Driven Citizen Experience the Future of Public Services?, *CMSWIRE,* https://www.cmswire.com/customer-experience/is-singapores-ai-driven-citizen-experience-the-future-of-public-services

ZAWYA(2024.2.9). DEWA's virtual employee 'Rammas' enriches customers' experience using generative AI, https://www.zawya.com/en/press-release/companies-news/dewas-virtual-employee-rammas-enriches-customers-experience-using-generative-ai-k0qfkjrn

05
비용 절감과 자원 최적화

비용 절감과 자원 최적화를 위해 AI를 도입한 중국 항저우의 ET 시티 브레인(City Brain), 두바이의 스마트 로드(Smart Roads), 싱가포르의 셀레나플러스(SELENA+) 사례를 소개한다. AI 시스템이 교통 체증 관리, 에너지 소비 절감, 의료 진단 비용 및 시간 절감 등으로 자원을 최적화하는 과정을 소개한다

AI와 아이돌?

중국의 ET 시티 브레인

중국 항저우시는 교통 시스템을 최적화하기 위해 알리바바와 협력해 'ET 시티 브레인(City Brain)'을 도입했다. 이 시스템은 도시 전역의 교통 카메라와 센서로 실시간 데이터를 수집하고, AI 알고리즘으로 교통 체계를 제어한다.

ET 시티 브레인은 알리바바 클라우드가 개발한 도시 교통 체계 관리 AI 시스템이다. 시스템의 '두뇌(신경망)'는 '눈(센서)'과 '손(제어 장치)'과 협력해 도시의 교통 신호를 제어하고, 차량 이동의 우선순위를 지정하는 등 교통 시스템을 통제한다. 일례로, 응급 차량이 신속하게 이동할 수 있도록 상황에 맞게 교통 신호를 녹색으로 변경한다(Alibaba Clouder, 2018).

ET 시티 브레인 도입 이후 교통 체증은 15.3% 줄었고, 응급 사고 대처 시간은 50% 감소했다. 또한 교통 문제 개선을 위한 도로 건설 비용을 줄였고, 기존 도로 인프라를 최대한 활용해 자원 효율성을 높였다(Zhang et al., 2019). 항저우시의 성공으로 상하이, 광저우, 쑤저우 등 대도시들도 ET 시티 브레인을 적극적으로 도입하고 있다.

ET 시티 브레인은 대중교통, 주차 관리, 의료 및 응급 서비스 등에서 발생하는 손실을 효율적으로 관리한다. 실시간 버스 탑승객 분석을 기반으로 노선 배치 시간을 조정해 승객의 평균 대기 시간과 버스 노선 이동 시간이 각각 10%, 5% 감소했고, 승객 수는 17% 증가했다. 응급 환자 대기 시간이 20% 감소했다. 효율적인 교통 통제로 연 18% 연료 소비 감소와 12% 이산화탄소 배출 절감 효과를 보았다(Zhang et al., 2019).

이러한 AI 시스템 도입은 초기에 막대한 비용이 든다. 하지만 연간 연료 사용과 응급 서비스 비용 절감, 기존 도로 대체 등으로 비용이 감소해 투자 수익률이 수년 후 순이익으로 전환될 수 있다. AI 시스템은 도시 관리를 위한 비용을 절감하고 자원을 최적화할 수 있는 토대를 마련해 준다.

두바이의 스마트 로드

두바이 도로 교통부(RTA, Roads & Transport Authority)는 급속한 도시 발달로 인한 심각한 교통 체증과 자동차 사고 등 도로 시스템을 효율적으로 관리하기 위한 '스마트 로드(Smart Roads)' 2단계를 추진하고 있다. 2단계는 최신 AI 알고리즘 기술을 활용해 도시의 이동 흐름을 최적화하는 것이다. 실시간 교통 신호와 보행자 흐름을 예측해 이동 시간을 20~30% 단축하고, 유지 보수 비용을 10~20% 절감하는 것을 목표로 한다(Malin, 2025).

2단계 스마트 로드는 실시간 AI 교통 신호 제어 알고리즘, 생성형 AI 이미지 에이전트, 예측 기반 유지 보수 기능 등이 통합된 시스템이다. AI 교통 신호 알고리즘은 실시간 교통 데이터를 분석해 신호 대기 시간을 실시간으로 제어한다. 생성형 AI 이미지 에이전트는 이미지 분석 언어 모델을 사용해 위험(사고 차량, 도로 파편 등)을 도로 대응 팀에 즉각 경고한다. 예측 기반 유지 보수 기능은 신호등과 표지판 등 도로 시설물의 고장을 예측해 선제적으로 보수한다(SmartCitiesWorld, 2025).

두바이는 이 시스템 도입으로 교통 체증 감소, 교통 안전 개선, 이산화탄소 배출 감소와 관리 및 운영 비용 감소 등의 효과를 얻었다.

출퇴근 시간 정체가 약 15% 정도 감소했고, 주요 도로에서는 이동 시간이 평균 20% 단축되었다. 교통 신호를 실시간으로 통제해 차량의 정차 횟수가 약 30% 감소했으며 개인 차량의 연료 소비가 약 10% 감소했다. 또한 실시간 데이터와 과거 데이터 패턴을 분석해 출퇴근 이동 시간의 변동성이 25% 감소했다(Dubai RTA Navire Logistics, 2024).

시스템 도입 이후 교통사고가 약 20% 감소했으며, 사망자는 15% 감소했다. 게다가 교통사고 발생 시 사고 대응 시간을 30% 단축했다. 이로써 2차 사고 위험을 예방하고, 사고로 인한 교통 혼잡도 감소했다. 차량의 정차와 출발 시 공회전 주기를 감소시켜 도로의 연료 소비가 10% 감소했고, 이산화탄소 배출량을 약 10~14% 절감하는 효과를 얻었다. 경찰 차량의 주행 거리를 최적화해 이산화탄소 배출량을 약 35% 줄이는 효과도 있었다(Dubai RTA Navire Logistics, 2024).

스마트 로드는 도시의 이동 시간을 단축하고, 교통사고와 배기가스를 줄이고, 비용과 인력을 절약해 지속 가능한 도시로 변모시키고 있다.

싱가포르의 셀레나플러스

싱가포르의 '셀레나플러스(SELENA+, Singapore Eye Lesion Analyzer)'는 국가 검진 프로그램에서 최초로 승인된 AI 의료 기기다. 당뇨 환자의 망막 이미지를 분석해 안과 질환을 조기 발견하는 반자동화(semi-automated) AI 시스템으로, 딥러닝 알고리즘을 기반으로 당뇨망막병증, 녹내장, 황반변성의 징후를 신속하게 진단한다(Miller, 2023).

셀레나플러스는 휴먼 인 더 루프(human in the loop) 방식으로 설계된 모델이다. 1단계로, 환자의 망막 이미지를 100% 자동 판독해 환자의 상태를 3가지로 분류한 뒤(녹색은 정상, 노랑은 의심, 빨강은 심각), 결과 보고서를 전문의에게 30분 안에 전달한다. 2단계로, 전문의는 노랑(의심) 이상으로 분류된 환자를 재판독해 최종 진단하며, AI의 정확성을 개선하기 위해 정상 환자 중 10%를 재판독해 검증한다(Miller et al., 2024).

셀레나플러스는 판독 시간, 진단 비용, 보고서 작성 시간, 치료 및 관리 비용 등을 감소시켰다. 기존에 환자의 망막 이미지를 판독하는 데 최대 4주에서 최소 1일이 소요되었던 것을 5분 미만으로 단축했다. 고위험 환자는 즉시 판독 결과를 받아 추가 진료(의사 상담 등)를 바로 진행할 수 있다. 또한 이전에는 환자들이 판독 결과를 받기 위해 병원을 재방문해야 했지만, 이제는 즉시 진단 결과를 받을 수 있게 되어 환자들의 노쇼(no show) 비율이 약 8~10%로 줄었다(Ta et al., 2022).

셀레나플러스는 전문의의 업무량을 대폭 줄였다. 전문의는 전체 이미지 중 약 40%만 판독해 업무량이 50% 이하로 감소했다(SELENA+). 1인당 환자 진단 비용도 약 130만 원에서 15만 원으로 크게 줄었다(Xie et al.,

2019). 병원은 추가 인력 충원 없이 전문의를 연구 개발에 집중적으로 배치했다. 절감된 비용은 치료 프로그램 개발에 투입되었다.

셀레나플러스는 기존의 업무 프로세스의 비용과 업무량을 줄이고 이에 따라 얻는 비용과 시간을 다른 분야에 투입할 기회를 제공한다. 기존의 검진 프로세스를 원스톱으로 전환해 공공 비용을 절감하고, 환자에게 가장 최적화된 서비스를 제공한다.

참고문헌

Alibaba Clouder(2018.6.11). How ET city brain is transforming the way we live – One city at a time. *Alibaba Cloud,* https://www.alibabacloud.com/blog/how-et-city-brain-is-transforming-the-way-we-live-%E2%80%93-one-city-at-a-time_593745

Dubai RTA Navire Logistics(2024.8.2). Dubai RTA: Initiatives and Impacts, https://navirelogistics.com/blogs/dubai-rta-initiatives-and-impacts

Malin, C.(2025.4.23). Dubai RTA's AI strategy to reduce travel times by 30%. *Middle East AI News,* https://www.middleeastainews.com/p/dubai-rta-ai-strategy-2030

Miller, S. M.(2023.6). Tracing the twenty-year evolution of developing AI for eye screening in Singapore: A master chronology of SiDRP, SELENA+ and EyRis, https://ink.library.smu.edu.sg/sis_research/7833

Miller, S. M. et al.(2024.3.26). EyRIS: From the lab to the market. *Asian Management Insights,* 11(1). https://cmp.smu.edu.sg/ami/issues/volume-11-issue-1/case-point/eyris-lab-market

SELENA+(n.d.). Singapore eye lesion analyser. Smart Nation Singapore, https://www.smartnation.gov.sg/initiatives/selena-plus

SmartCitiesWorld(2025.4.23). Dubai RTA to deploy generative AI solution for traffic management, https://www.smartcitiesworld.net/news/dubai-rta-to-deploy-generative-ai-solution-for-traffic-management

Ta, A. W. A. et al.(2022.8.19). Two Singapore public healthcare AI applications for national screening programs and other examples. *Health Care Sci,* 1(2), pp.41-57, https://pmc.ncbi.nlm.nih.gov/articles/PMC11080681/

Xie, Y. et al.(2019.7). Cost-Effectiveness analysis of an artificial intelligence-Assisted deep learning system implemented in the national tele-medicine diabetic retinopathy screening in Singapore. *Invest. Ophthalmol. Vis. Sci.,* 60, https://iovs.arvojournals.org/article.aspx?articleid=2746782

Zhang, J. et al.(2019.6.24). City brain: Practice of large-scale artificial intelligence in the real world. The Institution of Engineering and Technology. *IET Smart Cities,* 1(1), pp.28-37, https://doi.org/10.1049/iet-smc.2019.0034

06
AI 신뢰성과 윤리를 위한 글로벌 원칙

AI의 신뢰성과 윤리를 위한 글로벌 원칙을 캐나다의 '자동화 의사 결정 지침', 싱가포르의 '생성형 AI용 AI 거버넌스 프레임워크 모델', EU의 '신뢰할 수 있는 AI를 위한 윤리 지침' 등 글로벌 사례를 기반으로 설명한다. AI 시스템을 인간 중심으로 설계하고, 투명성, 책임성, 공정성 등 윤리적 원칙을 준수하며, 신뢰 가능한 AI 환경을 조성하기 위한 각 국가의 전략과 규제 방향을 논의한다.

AI와 야구?

캐나다의 '자동화 의사 결정 지침'

캐나다 재무위원회 사무국(The Treasury Board of Canada Secretariat)은 2023년 4월 AI 의사결정의 투명성, 책임성, 데이터와 모델 품질, 보고서 공개 등 규정한 "자동화 의사 결정 지침(Directive on Automated Decision-Making)"을 발표했다(Government of Canada, 2023). 이 지침은 개인의 법적 권리, 권한 또는 이익에 영향을 줄 수 있는 모든 AI 기반의 자동화 시스템에 적용된다.

이 지침에 따라 모든 정부 기관은 AI 알고리즘 영향력 평가(Algorithmic Impact Assessment), 편향성에 대한 데이터 및 모델 검증, 이해관계자와 외부 전문가 조사, 설명 가능한 AI(Explainable Artificial Intelligence) 보고서, 연간 효과성 보고서를 의무적으로 공개해야 한다.

정부 기관은 AI 시스템을 도입하기 전에 AI 알고리즘 영향력의 평가 결과를 문서로 공개해야 한다. 위험도 평가는 1~5 수준(5는 최고 위험)이며, 평가 항목은 AI 도입 목적, 데이터 소스 및 품질, 알고리즘 및 모델 유형, 인간 감독 수준, 편견 및 차별 위험, 투명성 및 설명 가능성, 개인정보 보호 및 보안이다. 특히 인권, 장애인 포용성, 전문 용어 간소화, 금지 목록(생체 인식 감시 등) 항목이 추가되었다.

이 규정은 AI 시스템이 특정 계층에게 편향된 결과를 제공하지 않도록 데이터뿐만 아니라 모델까지 검증하도록 했다. 또한 정부 기관은 장애인 단체와 의무적으로 협의를 해야 하며, 장애인의 접근성과 편의성도 점검해야 한다.

결과는 외부 위원회 검토를 거쳐 시민에게 공개해야 한다. 만약 위험도 평가가 3 수준 이상일 경우, AI 시스템의 알고리즘, 모델, 데이터 품질 등 시민이 이해할 수 있는 설명 가능한 언어로 사전에 공개해야 한다. 또한 정부 기관은 AI 시스템 도입으로 인한 평가 결과와 AI 결함 및 완전성 등을 매년 공개해야 한다. 개인의 알 권리, 투명성과 절차적 공정성의 의무에 해당한다.

싱가포르의 '생성형 AI용 AI 거버넌스 프레임워크 모델'

싱가포르 인공지능검증재단(AIVF, AI Verify Foundation)은 2024년 5월 '신뢰할 수 있는 AI 생태계'를 조성하기 위한 "생성형 AI용 AI 거버넌스 프레임워크 모델(Model AI Governance Framework for Generative AI)"을 발표했다(AIVF, 2024). 이 지침은 생성형 AI로 인한 윤리적 위험(환각, 딥페이크 등)에 대응하고, 사회 구성원 모두가 책임을 공유하는 시스템을 구축하기 위한 것으로, 책임성, 데이터, 신뢰할 수 있는 AI 개발과 배포, AI 사고 공개, 검증 및 보증, 보안, 콘텐츠 진위성, 안전 및 연구 개발(R&D), 공익을 위한 AI 구축을 강조했다.

책임성은 AI 모델 개발자, 시스템 담당자, 클라우드 기업이 AI 제품과 서비스 사전(출시 전)과 사후(피해 발생 후)에 발생할 수 있는 사고에 대한 책임과 보상을 명확하게 규정했다.

신뢰할 수 있는 데이터세트를 확보하는 동시에 학습 데이터의 품질, 출처 및 적법성을 보장해야 한다. 또한 수집한 데이터세트의 개인정보와 저작권을 보호해야 한다.

신뢰할 수 있는 AI 개발과 배포는 안전 평가 라벨(데이터 등급, 위험도 평가, 탄소 발자국 등)을 공개해 투명성을 확보하는 것이다. 개발에서부터 배포에 이르기까지 수행한 안전과 평가를 공개해야 한다.

AI 사고 공개는 적시에 문제를 알리고 해결할 수 있는 구조와 프로세스를 구축하는 것이다. AI 시스템에 대한 안전장치와 더불어 주기적인 모니터링과 공개를 통해 지속적으로 개선한다.

검증 및 보증은 독립적인 외부 기관이 AI 시스템을 검증해 신뢰할 수 있는 AI 생태계를 구축하는 것이다.

보안은 생성형 AI 모델의 잠재적인 위험에 대비하는 것이다. 내재적인 위험에 대응하기 위한 새로운 보안 도구를 마련해야 한다.

콘텐츠 진위성은 콘텐츠가 어디서 어떻게 생성되는지에 대한 투명성을 확보하는 것이다. 생성형 AI에 의해 생성된 콘텐츠를 사용하는 시민에게 올바른 출처를 제공해야 한다. 디지털 워터마킹, 암호화 진위성 판별 같은 기술을 적용해야 한다.

안전 및 R&D는 인간의 의도와 가치에 부합하는 AI 모델을 개발하기 위해 R&D 투자를 강화하는 것이다. 또한 정부 기관 간의 협력을 촉진해 설명 가능한 AI, 위험 테스트 기술 등을 개발해야 한다.

마지막으로 공익을 위한 AI는 누구나 AI에 접근할 수 있게 하고, 지속 가능한 AI 시스템을 개발하는 것이다. 정부는 선별한 데이터를 공유하고 공무원과 시민의 AI 리터러시를 강화해야 한다.

유럽연합의 '신뢰할 수 있는 AI를 위한 윤리 지침'

유럽연합은 2019년 4월 8일 "신뢰할 수 있는 AI를 위한 윤리 지침(Ethics Guidelines for Trustworthy AI)"을 발표했다(European Commission, 2019). 이 지침은 2024년 8월 1일 공표된 유럽연합 「인공지능법(AI Act)」의 근간이 되었다. 유럽연합이 지향하는 합법성, 인간 중심, 공정성, 투명성, 책임성의 기준과 방향을 제시한다. 이 지침의 목적은 '신뢰할 수 있는 AI' 도입으로, AI 시스템 자체의 신뢰뿐만 아니라 개발, 배포 및 사용의 생애 주기 동안 모든 행위자로부터 신뢰를 얻는 것이다.

윤리 지침은 3개 핵심 요소를 근간으로, 4개 윤리 원칙과 7개 주요 요구 사항으로 구성되어 있다.

3개 핵심 요소는 합법성(lawful), 윤리성(ethical), 견고성(robust)이다. 합법성은 AI 시스템의 생애 주기 동안 관련 법률 및 규정 준수, 윤리성은 윤리적 원칙과 가치 준수, 견고성은 AI 시스템의 의도치 않은 피해를 예방하기 위한 안전장치 마련으로, 기술적 및 사회적 측면에서 모두 견고해야 함을 의미한다.

4개 윤리 원칙은 인간 존엄성에 대한 존중, 개인의 자유, 민주주의, 정의, 법치에 대한 존중, 평등, 차별 금지 및 연대, 시민 권리의 가치 추구다.

제1 원칙은 인간 자율성 존중의 원칙이다. AI 시스템과 상호작용을 하는 인간은 완전한 자기 결정권을 가지고 민주적인 과정에 참여해야 한다. AI 시스템은 인간 중심 디자인 원칙에 따라 설계되고, 인간은 AI 시스템의 모든 프로세스를 감독해야 한다.

제2 원칙은 인간 보호의 원칙이다. AI 시스템은 인간에게 해를 끼치거나 부정적인 영향을 미치면 안 된다. AI 시스템은 인간의 존엄성을 보호하며 악의적인 목적에 사용되지 않도록 안전해야 한다.

제3 원칙은 공정성의 원칙이다. AI 시스템의 개발, 배포, 및 사용하는 과정은 모두 공정해야 한다. AI 시스템은 이익과 비용의 공정한 분배를 보장해야 한다. 특정 계층에 편향되거나 차별이 없어야 하며, 모든 시민이 평등하게 접근할 수 있어야 한다.

제4 원칙은 설명 가능성의 원칙이다. AI 시스템의 모든 의사 결정 과정은 투명해야 하며, 기능과 목적을 공개해야 한다. 직간접적으로 영향을 받는 시민에게 AI 시스템에 대한 알고리즘, 모델, 의사 결정 과정을 설명할 수 있어야 한다.

7개 주요 요구 사항은 인간의 자율 결정과 감독, 기술적 견고성과 안전성, 개인정보 보호와 데이터 거버넌스, 투명성, 다양성, 사회와 환경복지, 책임성이다.

인간은 AI 시스템에서 자율적으로 결정하고, AI의 의사 결정 과정을 감독할 수 있어야 한다. 기술적 견고성과 안전성은 AI 시스템의 예상치 못한 피해를 최소화하고, 의도한 목적대로 개발 및 사용되어야 한다. 또한 인간의 신체적 및 정신적 피해를 예방 및 보장해야 한다. 개인정보 보호를 위해 학습과 생성 데이터의 불법 사용을 방지해야 하며, 개인정보에 대한 접근을 통제할 수 있는 강력한 거버넌스를 구축해야 한다. AI 시스템에 사용된 데이터와 알고리즘은 인간이 이해하고 추적할 수 있어야 하며, 의사 결정 과정에 대한 적절한 설명을 제공해야 한다. AI 시스템은 모든 시민의 동등한 접근성을 보장하고, 동등한 기회를 제공할 수 있도록 설계되어야 한다. AI 시스템은 사회와 환경의 지속 가능성을 고려해야 하며, 미래 세대를 포함한 모든 인간에게 이익이 되어야 한다. 마지막으로 AI 시스템의 개발, 배포 및 사용 전후 결과에 대한 책임을 보장해야 한다.

영국의 '인공지능 지침'

영국 정부는 2025년 2월 "영국 정부의 인공지능 지침

(Artificial Intelligence Playbook for the UK Government)"을 발표했다(GOV.UK, 2025). 이 지침은 2021년의 "국가 AI 전략(National AI Strategy 2021)"과 2023년의 "AI 규제에 대한 혁신적 접근법(A Pro- Innovation Approach to AI Regulation)"을 보강한 실질적인 지침서다.

이 지침의 목표는 영국의 모든 정부 기관이 AI를 '안전하고, 효과적이며, 책임감 있게' 활용해 공공 서비스에 대한 시민의 신뢰를 얻는 것이다. 이를 위한 10가지 원칙을 제시한다.

원칙 1, AI를 이해하고 그 한계를 알아야 한다. 정부 기관은 AI가 무엇인지 명확하게 이해하며, 편향성과 정확성에 대한 한계를 올바로 인식해야 한다.

원칙 2, AI를 합법적, 윤리적, 책임감 있게 사용해야 한다. 정부 기관은 AI 시스템의 사용 및 개발에서 관련된 규정과 법률을 준수해야 한다. 또한 개발 단계에서 AI 결과에 대한 공정성과 편향성을 고려해야 한다.

원칙 3, AI를 안전하게 사용하는 방법을 알고 있어야 한다. 정부 기관은 모든 AI 시스템의 보안 위험 등에 대응할 수 있는 안전장치를 구축하며 안전 원칙을 준수해야 한다.

원칙 4, 적절한 단계에서 의미 있는 인간의 통제력을 갖추고 있어야 한다. 정부 기관은 AI 시스템의 관리와 감독을 할 수 있는 통제 시스템을 마련해야 한다. 특히 매우 위험한 결정 단계에서 인간이 반드시 개입할 수 있는 장치를 마련해야 한다.

원칙 5, AI 생애 주기 전반을 관리하는 방법을 이해해야 한다. 정부 기관은 AI 시스템 개발, 배포, 사용 및 유지 관리하는 전 단계에서 발생할 수 있는 잠재적인 위험을 이해하고, 이것을 완화할 수 있는 조치를 마련해야 한다.

원칙 6, 업무에 적합한 AI를 사용해야 한다. 정부 기관은 공공 서비스를 더 빠르게 제공할 수 있는 AI 시스템을 개발하고, 반복적인 업무를 대체할 수 있는 AI 시스템을 도입해 혁신을 이끌어야 한다.

원칙 7, AI 사용자는 개방적이고 협력적이어야 한다. 정부 기관은 AI 시스템을 다른 기관과 투명하게 공유하고, 유사한 문제를 해결하기 위해 서로 협력해야 한다.

원칙 8, 산업계 이해관계자와 첫 단계부터 협력해야 한다. 정부 기관은 상업적 관점에서 AI 시스템을 이해해야 한다. AI 시스템이 윤리적으로 사용되기 위해 산업계 이해관계자와 긴밀한 협력을 유지해야 한다.

원칙 9, AI를 구현하고 사용하는 데 필요한 스킬과 전문 지식을 갖추고 있어야 한다. 공무원은 거버넌스, 윤리 및 전략에 미치는 잠재적 영향을 포함해 AI의 위험과 기회를 이해하는 데 필요한 스킬을 갖춰야 한다.

원칙 10, 모든 AI 원칙을 필요한 정책에 적용하고 올바르게 사용할 수 있다는 확신이 있어야 한다.

미국의 'AI 위험 관리 지침'

미국 국립표준기술연구소(NIST, National Institute of Standards and Technology)는 2023년 1월 "AI 위험 관리 지침(AI Risk Management Framework)"을 발표했다(NIST, 2023). 이 지침의 목적은 기술적으로 완전하고, 사회적 책임과 민주적 가치에 부합하는 AI 시스템 개발이다. 또한 AI 시스템의 신뢰성, 안전성, 공정성, 투명성, 책임성, 설명 가능성, 개인정보 보호를 강화해 신뢰할 수 있는 AI 구축을 장려한다.

이 지침은 유효하고 신뢰하는 AI, 안전, 안전하고 탄력적인 서비스, 책임감 있고 투명한 AI, 설명 및 해석 가능한 AI, 개인정보 보호 강화, 공정성을 제시한다.

① 유효하고 신뢰하는 AI: AI 시스템이 의도한 목표와 사용 목적에 맞게 운영되어야 하며, 일관된 결과를 제공

해야 한다.

② 안전: AI 시스템이 인간에게 불합리한 신체적, 심리적 환경적 피해를 주지 말아야 한다.

③ 안전하고 탄력적인 서비스: 악성 공격이나 사이버 공격에 대응하고 빠르게 회복할 수 있는 기능을 유지해야 한다.

④ 책임감 있고 투명한 AI: AI 시스템의 개발, 배포, 사용 시 발생하는 문제에 대한 책임을 명확히 하고, AI 의사 결정을 추적, 감사, 기록 보관할 수 있어야 한다.

⑤ 설명 가능한 AI: AI 의사 결정의 근거와 이유를 시민이 이해할 수 있는 언어로 제공되어야 한다.

⑥ 개인정보 보호 강화: AI 시스템은 데이터 수집, 처리 및 보관을 최소화하며, 개인정보를 보호할 수 있는 기술이 적용되어야 한다.

⑦ 공정성: AI 시스템이 특정 개인이나 집단에 부당하거나 편향된 결과를 낳지 않도록 방지해야 한다.

참고문헌

AIVF(2024.5.30). Model AI governance framework generative AI, https://aiverifyfoundation.sg/wp-content/uploads/2024/05/Model-AI-Governance-Framework-for-Generative-AI-May-2024-1-1.pdf

EU AI Act. Up-to-date developments and analyses of the EU AI Act, https://artificialintelligenceact.eu/

European Commission(2019.4.8). Ethics guidelines for trustworthy AI, https://digital-strategy.ec.europa.eu/en/library/ethics-guidelines-trustworthy-ai

Government of Canada(2023.4.25). Directive on Automated Decision-Making, https://www.tbs-sct.canada.ca/pol/doc-eng.aspx?id=32592

GOV.UK(2025.2.10). Artificial intelligence playbook for the UK government, https://www.gov.uk/government/publications/ai-playbook-for-the-uk-government/artificial-intelligence-playbook-for-the-uk-government-html

NIST(2023.1). Artificial intelligence risk management framework(AI RMF 1.0). https://nvlpubs.nist.gov/nistpubs/ai/nist.ai.100-1.pdf

07
글로벌 국가들의 AX 전략

글로벌 국가들이 추진하는 AX 전략을 소개한다. 미국의 혁신 생태계 중심 전략, 싱가포르의 글로벌 AI 주도, 중국의 국가 주도형 전략적 투자, 유럽의 개인정보 보호와 윤리를 강조한 접근법 등 각 국가가 AI 도입을 통해 공공 서비스를 혁신하고 국가 경쟁력을 높이려는 구체적인 전략과 정책 방향을 비교 · 분석한다.

AI와 윤동주?

싱가포르의 국가 AI 전략 2.0

싱가포르는 2023년 12월 "국가 AI 전략 2.0(NAIS 2.0, Singapore's National AI Strategy 2.0)"을 발표했다(Smart Nation Singapore, 2023). 나이스(NAIS) 2.0은 '공익을 위한, 싱가포르와 세계를 위한 AI(AI for the Public Good, for Singapore and the World)' 비전을 통해 싱가포르를 글로벌 AI 리더로 변화시키고자 한다.

나이스 2.0의 주요 특징은 시스템적 접근, 글로벌 협력과 포지셔닝, 자원 효율화 및 지속성, 실용적인 거버넌스와 개인정보 보호 기술 강화다.

시스템적 접근은 지리적 한계를 극복하고, 부족한 자원을 체계적으로 활용하는 데 목적이 있다. 싱가포르 정부는 인재, 산업계 역량, 인프라를 시스템적으로 통합해 AI 이니셔티브를 지속적이고 확장성 있게 발전시키려는 전략을 취한다.

글로벌 협력과 포지셔닝을 통해 싱가포르는 규모와 자원의 제약을 극복할 기회를 얻고자 한다. 강력한 글로벌 협력을 주도해 세계 시장의 확대와 최고 수준의 기술 및 글로벌 AI 인재를 유치한다. 이는 지속적인 혁신과 경제 성장을 유지할 수 있는 동력을 제공한다. 싱가포르는 글로벌 AI 거버넌스 규범 형성 등 전략적 글로벌 협력을 추진해 국제적 영향력을 강화하고자 한다.

싱가포르는 지속 가능성을 위한 국가 자원의 효율성을 핵심 전략으로 둔다. 저탄소 친환경 데이터 센터와 효율적인 AI 알고리즘 등 '효율적인 자원 기반의 AI(Resource-Efficient AI)'를 강조한다. 이는 제한된 자원(토지, 에너지, 물 등)을 효율적으로 활용하기 위한 선택이다. 제한된 자원 내에서 AI 기술을 더욱 저렴하고 확장성 있게 만들어 경제적 경쟁력을 강화한다. 또한 지속 가능성은 ESG(환경, 사회, 지배 구조)를 우선시하는 글로벌 기술 기업과 투자자에게 싱가포르를 혁신적이고 책임감 있는 미래 지향적인 브랜드의 이미지를 심어 준다.

실용적인 거버넌스 접근은 글로벌 기업을 위한 실질적인 가이드와 규제 마련이다. 이는 싱가포르를 신뢰할 수 있는 AI 글로벌 리더 국가로 성장시킬 수 있다. 실용적인 규제는 기업에 명확성을 제공해 이들의 투자와 혁신을 장려한다. 또한 협력적 거버넌스 모델은 기업의 의견을 수렴하고 지원할 수 있는 시스템을 구축해 AI의 빠른 도입을 촉진한다.

마지막으로, 개인정보 보호 강화 기술에 전략적으로 투자함으로써 개인정보 보호와 데이터 부족의 한계를 기회로 전환한다. 개인정보 보호 강화 기술을 통해 잠재적인 AI 개인정보 위험을 선제적으로 관리해 사회적 신뢰와 수용을 보장한다. 또한 싱가포르는 작은 내수 시장으로 사용 가능한 데이터양에 제한이 있다. 따라서 개인정보 보호 기술 강화는 안전한 데이터 공유와 협업을 가능하게 해 소규모 데이터 기반의 효과적인 AI 시스템을 촉진한다.

나이스 2.0은 탁월성(Excellence)과 역량 강화(Empowerment) 목표를 추구한다. 이 전략적 목표는 중요한 변화를 의미한다. AI는 싱가포르 국가 번영에 필수적이며(from opportunity to necessity), 싱가포르는 글로벌 협력을 통해 복잡한 과제를 해결하기 위한 글로벌 관점을 채택하며(from local to global), 다양한 분야에 AI의 영향을 관리할 수 있는 역량과 인프라를 강화한다(from projects to systems). 싱가포르 정부는 AI 연구 개발 투자를 통해 주요 분야에 AI를 통합해 회복 탄력성과 경쟁력을 확보하고자 한다. 이로써 싱가포르를 국제 AI 협업 및 혁신의 허브로 자리매김하게 하고, 지속적인 AI 혁신과 적용을 지원하는 포괄적인 생태계를 구축하고자 한다.

싱가포르 정부는 나이스 2.0 비전과 목표 달성을 위한 세 가지 시스템-활동 동인(산업, 정부와 연구), 사람과 지역 사회(인재, 역량과 장소 조성), 인프라 및 환경(컴퓨팅, 데이터, 신뢰할 수 있는 환경과 리더십)—과 15가지 실행 AI 이니셔티브를 제시했다.

먼저, 활동 동인 시스템은 기업, 정부, 연구 기관이 기초과학부터 제품 개발 및 도입에 이르기까지 전 주기에 AI를 활용해 혁신할 수 있도록 지원하는 것이다. 이를 위한 4가지 실행 이니셔티브는 제조, 금융 서비스, 운송, 의료 분야의 AI 역량을 강화하기 위한 전문 센터 설립, AI 스타트업 생태계 강화, 공공 서비스에 AI 시스템의 광범위한 도입 및 구현, 5개 분야 AI 연구 개발(R&D) 투자 확대다(연구, 산학 연계, 인재, 컴퓨팅과 국제협력).

두 번째로, 사람과 지역 사회 시스템은 싱가포르를 AI 혁신의 모범적인 활동 중심지로 전환하는 것이다. 다양한 AI의 분야의 인재들이 아이디어와 지식을 교류할 수 있는 장을 마련해 AI 혁신을 주도하는 것이다. 이를 위한 5가지 실행 이니셔티브는 글로벌 AI 연구자와 산업계 리더 유치, AI 인재풀 확대(15,000명), 기업의 AI 도입과 인력 교육 강화, 전담 AI 커뮤니티 허브 구축이다.

마지막으로 인프라 및 환경 시스템은 AI 라이프사이클의 모든 단계에서 필요한 인프라와 환경을 지원해 성공적인 AI 가치를 창출하는 것이다. 이를 위한 6가지 실행 이니셔티브는 고성능 컴퓨팅 강화, 개인정보 보호 기술 및 데이터 역량 강화, 정부 데이터 활용성 강화, AI 거버넌스 및 규제 프레임워크 실용화, AI 보안 표준 및 탄성력 강화, 신뢰할 수 있는 국제협력 파트너십 구축이다.

캐나다의 '범캐나다 AI 전략'

캐나다는 2017년도에 세계 최초로 국가 차원의 "범캐나다 AI 전략(Pan-Canadian AI Strategy)"을 발표했다(Cifar.ca). 세계적 AI 연구 역량을 바탕으로 학계와 정부가 기업의 AI 상업화를 지원하고 촉진하는 것으로, 주요 전략은 전 세계 AI 연구 주도, AI 인재 양성 및 유지, 산학연 연계, AI 윤리 및 거버넌스 선도다(Government of Canada, 2024).

우선 토론토(Vector 연구소), 몬트리올(Mila 연구소), 에드먼턴(Ami 연구소)에 AI 연구소를 설립해 AI 혁신 클러스터를 육성하고 있다. 이 연구소들은 특화된 AI 연구와 상업화를 목적으로 학계, 업계, 정부 간의 협업을 촉진하는 허브 역할을 수행한다. 최고 수준의 AI 연구자와 학자 등 인력 유치를 통해 AI 연구 역량을 강화하고, AI 전문가를 양성하기 위한 글로벌 수준의 교육 훈련 프로그램을 개발한다. 또한 스타트업과 기업에 새로운 AI 기술을 적용해 AI 서비스와 제품의 상용화를 촉진한다. 또한 개인정보 보호, 보안, 편향성 같은 사회적 이슈에 대응하기 위한 정책 개발과 윤리적 규범 및 가이드를 규정한다.

캐나다는 2024년에 "범캐나다 AI 전략"을 확대하기 위한 "캐나다의 AI 장점(Canada's AI Advantage)"을 발표했다. 세계 최고 수준의 AI 연구 역량을 바탕으로 자주적인 AI 주권(AI Sovereign Compute Strategy)을 확보하는 것으로, 연구자, 스타트업, 기관이 AI 기술 개발에 필요한 고성능 컴퓨팅 자원(GPUs, TPUs 등)에 저렴한 비용으로 안전하게 접근할 수 있는 인프라를 제공한다(Government of Canada, 2024).

정부 중심의 고성능 컴퓨팅 인프라 구축은 아마존, 마이크로소프트, 구글 등 외국 클라우드 기업에 대한 의존도를 줄이고 AI 기술에 대한 국가의 통제력을 강화하는 것이다. 정부는 대학, 스타트업, 공공 기관, 산업계가 저렴하게 활용할 수 있는 고성능 컴퓨팅 인프라를 조성해 이들이 글로벌 경쟁력을 유지할 수 있게 지원한다. 또한 정부 주도의 대규모 AI 인프라는 이들이 안전하고 윤리적인 AI 발전에 기여할 수 있는 기회를 제공한다.

캐나다 정부는 AI 주권을 기반으로 포용적이고 지속

가능한 AI를 실현하고자 한다. 중소 및 지방 기업에 AI 개발과 도입에 필요한 고성능 컴퓨팅 자원을 지원한다. 특히 농업, 에너지, 기후 변화 분야의 자국 중소기업이 AI 기술을 활용하게 해 국가의 전반적인 AI 경쟁력을 향상하고자 한다.

AI 주권은 AI 윤리를 안전하게 통제할 수 있는 강력한 정책적 수단이다. 민감한 데이터(의료 등)를 국가의 통제하에 관리해 개인정보를 보호하고 오용을 줄일 수 있다. 연구자와 공공 기관은 고성능 컴퓨팅 자원을 사용해 잠재적인 감시, 수출 통제 혹은 외국 클라우드 기업과의 윤리적 문제에서 벗어날 수 있다. 또한 캐나다 정부는 국내 모든 AI 시스템을 감시 및 관리할 수 있다(예: 연구자 혹은 기관이 어떤 종류의 AI를 개발했는지 등).

"캐나다의 AI 장점" 전략은 세 가지 측면에서 "범캐나다 AI 전략"과 연계되어 있다. 첫째, 고성능 컴퓨팅 인프라 구축을 통한 AI 주권 확보는 토론토, 몬트리올, 에드먼턴 AI 연구소의 독자적인 연구를 지원한다. 연구소들은 자유롭게 고성능 컴퓨팅 자원을 사용해 AI 알고리즘을 빠르게 개발할 수 있다. 둘째, 이들은 최신 AI 모델을 대학, 스타트업, 기업 등에 제공해 AI 혁신과 지속 가능한 경쟁력을 유지할 수 있다. 마지막으로, 이러한 산학

연 토대는 연구자, 학자, 인재를 계속 유치할 수 있는 강력한 요인이다.

영국의 'AI 기회 실행 계획'

영국은 2025년 1월 "AI 기회 실행 계획(AI Opportunities Action Plan)"을 발표했다(GOV.UK, 2025.1). 정부는 AI를 '우리 세대의 결정적인 기회'로 간주하고, 경제 성장과 더 나은 공공 서비스를 이루고, AI 초강대국으로서 나아가고자 한다. 이 계획의 목표는 세계 최고 수준의 AI 인프라 구축, 전략적 데이터 자산 구축, 엘리트 AI 인재 양성, 유치 및 유지, 안전하고 혁신적인 규제 보장, 공공 서비스 및 산업 분야의 AI 시스템 확산, AI 모델 주권 확보다. 이를 위한 세 가지 핵심 추진 전략은 AI 활성화 기반 마련, AI를 활용한 시민 삶의 변화 도모, 미래를 위한 AI 주권 역량 강화다.

우선 정부는 AI 활성화 인프라 구축을 가장 중요한 전략으로 선택했다(인프라, 데이터, 인력, 규제 확립). 국가 차원에서 컴퓨팅 용량을 2030년까지 20배까지 확장하며, 슈퍼컴퓨터를 두 배로 확충한다. 브리스톨 대학과 케임브리지 대학의 두 슈퍼컴퓨터(Isambard AI, Dawn)를 연구자와 기업에 제공해 AI 기술을 선도한다. 또한

'AI 성장 구역'을 지정해 데이터 센터 클러스터를 구축한다. 이곳에 소형 원자로 등 재생 에너지 인프라를 구축해 컴퓨팅 전력을 공급한다. 국립 데이터 센터를 설립해 공공 데이터세트를 독립적으로 관리하고 제공한다. 다양한 장학금과 펠로십을 제공해 세계 최고의 인재를 유치하고 양성할 계획이다.

영국 정부는 AI 시스템 도입에 '스캔, 파일럿, 확대'의 접근 방식을 채택했다. 이 접근 전략은 신속하게 아이디어를 테스트해 성공한 AI 시스템을 안전하고 투명하게 확산시키는 데 있다. 스캔 단계에서 AI 시스템(보건, 기후, 교통 등)의 아이디어와 기회를 확인하고, 파일럿 단계에서 이를 적은 비용으로 신속하게 적용할 수 있는 AI 실험 모델을 테스트한다. 파일럿 테스트 성공을 통해 모든 정부 기관에 먼저 배포한다. 이는 빠르게 공공 서비스를 혁신해 시민의 삶을 개선하기 위한 전략이다.

영국은 AI 주권을 확보하기 위해 전략적으로 자국의 AI 스타트업에 우선으로 슈퍼컴퓨터, 데이터, 전력을 공급한다. 또한 국립 데이터 센터의 고품질 데이터를 잠재력이 있는 기업에 제공한다. 마지막으로 영국의 국가 안보 전략 차원에서 보안 모델을 구축하고, 안보에 위협을 주는 AI 시스템은 정부가 직접 통제하고 관리한다.

미국 '인공지능 분야 미국 리더십의 규제 제거'

백악관은 2025년 1월 23일 인류 번영, 경제 경쟁력, 국가 안보를 강조한 새로운 AI 실행 계획인 "인공지능 분야 미국 리더십의 규제 제거(Removing Barriers to American Leadership in Artificial Intelligence)" 행정 명령을 발표했다(The White House, 2025.1.23). 후속 조치로 같은 해 4월 3일 백악관 관리예산처는 "혁신, 거버넌스, 공공 신뢰를 통한 연방 정부의 AI 활용 가속화(Accelerating Federal Use of AI through Innovation, Governance, and Public Trust)"를 발표했다(The White House, 2025.4.3). 이 지침에 따라 연방 정부 기관은 AI 혁신 촉진, AI 거버넌스 강화, 공공 신뢰 확보, AI 역량 개발 강화 계획을 마련해야 한다.

모든 연방 기관은 혁신을 방해하는 관료적 장벽을 제거하면서 속도감 있는 AI 도입을 위한 전략을 마련해야 한다. 또한 비용 절감을 위해 기존 데이터와 모델을 활용해 효율성을 극대화하고, 자국 AI 기술 기업의 상품과 서비스를 우선 구매하는 전략을 추진해야 한다.

AI 거버넌스를 강화하기 위해 모든 정부 기관은 의무적으로 '최고 AI 책임자(Chief AI Officer)'를 임명해 기관 내 AI 책임과 감독 체계를 확립해야 한다. 또한 정부 기관에 내부 AI 거버넌스 위원회를 구성하고, AI 규정 준수 계획을 최신화해야 한다.

공공 신뢰 확보를 위해 사회적 영향력이 높은 AI 시스템 사용(예: 의료, 인권 등)에 대한 위험 관리 체계를 마련해야 한다. AI 서비스를 제공하기 전에 사전 테스트, 영향력 평가, 시민의 참여 등을 통한 검증 절차를 거쳐야 한다. 그리고 AI 기반 의사 결정에 대한 투명성, 문서화, 설명 가능성을 확보해야 한다.

마지막으로 교육과 선발을 통해 AI 리터러시를 갖춘 공무원을 양성해야 한다.

이와 더불어 백악관은 2025년 1월 '스타게이트 프로젝트(Stargate Project)'를 발표했다(OpenAI, 2025.1.21). 이 프로젝트는 오픈AI, 소프트뱅크, 오라클, MGX, 엔비디아, 마이크로소프트 등 선도적인 글로벌 기술 기업이 주도해 미국 전역에 방대한 AI 슈퍼컴퓨팅 데이터 센터의 네트워크를 구축하는 것이다. 이 프로젝트는 미국의 AI 기술 개발 선도, 글로벌 AI 경쟁 우위 유지, 의료 혁신 가속화와 경제 성장 활성화를 목표로 한다. 최고급 성능 AI 모델 개발을 선도할 수 있는 슈퍼컴퓨팅 인프라를 구축해 AI 국제 경쟁력 우위를 강화한다. 이는 지속적인 혁신을 촉진하고, 관련 일자리 창출과 투자를 유치해 세계 최대 경제국의 지위를 유지하려는 것이다.

중국의 AI 플러스 이니셔티브

중국은 2025년 3월 양회에서 "AI 플러스 이니셔티브(Plus initiative)"를 최우선 추진 정책으로 발표했다. 리창 총리는 이를 '새로운 품질의 생산력'을 창출하기 위한 중심축으로 규정했다(Li, 2025.3.5). 중국은 이를 통해 중국 내 모든 생산 분야에 대규모 AI 모델을 도입하는 것을 목표로, 제조, 소비자 기술 데이터 인프라 등을 통합해 경제 전반을 업그레이드하는 것이다.

중국 정부는 AI 플러스 이니셔티브를 축으로 AI 기술을 독자 개발해 무역 분쟁과 제재에 대비할 것이다. AI 플랫폼 기업(텐센트, 바이두, 알리바바 등)을 핵심 조력자로 삼아 이 기업의 언어 모델 개발을 적극적으로 지원해 중소기업과 지방 정부가 이 모델을 빠르게 도입할 수 있도록 촉진할 것이다.

AI 플러스 이니셔티브의 핵심 전략은 대규모 언어 모델 지원, 스마트 제품 및 장비 생산, 5G 및 6G 인터넷 확대 가속화, 국가 컴퓨팅 그리드와 데이터 거버넌스 구축, 개방형 플랫폼 경제의 촉진이다.

딥시크(DeepSeek) 같은 대규모 언어 모델을 국가적

디지털 인프라로 격상해 다양한 산업에 배포한다. 자동차, 로봇, 스마트폰 등에 AI 모델(딥시크 등)을 내장해 AI 자율 시스템을 구축한다. 5G로 연결된 AI 시스템으로 공장 생산을 실시간으로 통제한다. 분절된 컴퓨팅 클러스터를 중앙 집중화해 지능형 컴퓨팅 허브를 구축한다.

참고문헌

Cifar.ca(n.d.). The impact of the pan-Canadian AI strategy, https://cifar.ca/ai/impact

Government of Canada(2024.7.4). Securing Canada's AI advantage: A foundational blueprint, https://ised-isde.canada.ca/site/ised/en/public-consultations/securing-canadas-ai-advantage-foundational-blueprint

Government of Canada(2024.12.3.). Pan-Canadian artificial intelligence strategy, https://ised-isde.canada.ca/site/ai-strategy/en

GOV.UK(2025.1). AI Opportunities Action Plan. Department for Science, Innovation & Technology, https://www.gov.uk/government/publications/ai-opportunities-action-plan/ai-opportunities-action-plan

Li, Q.(2025.3.5). Report on the work of the government. *NPC Obeserver,* https://npcobserver.com/wp-content/uploads/2025/03/2025-Government-Work-Report_NON-FINAL_EN.pdf

OpenAI(2025.1.21). Announcing the stargate project, https://openai.com/index/announcing-the-stargate-project

Smart Nation Singapore(2023.12.4). National AI strategy. AI for the public good, for Singapore and the world, https://www.smartnation.gov.sg/nais

The White House(2025.1.23). Removing Barriers to American Leadership in Artificial Intelligence, https://www.whitehouse.gov/presidential-actions/2025/01/removing-barriers-to-american-leadership-in-artificial-intelligence/

The White House(2025.4.3). Accelerating federal use of AI through innovation, governance, and public trust, https://www.whitehouse.gov/wp-content/uploads/2025/02/M-25-22-Driving-Efficient-Acquisition-of-Artificial-Intelligence-in-Government.pdf

08
공무원의 역할 변화와 필요한 스킬

AX 시대는 공무원에게 단순한 업무 수행자가 아닌 AI 혁신가이자 윤리적 중재자로서의 새로운 역할을 요구한다. 역할 변화에 따라 요구되는 하드 스킬과 소프트 스킬을 설명한다. 또한 조직 차원의 구조와 문화 차원의 변화 방향도 제시한다. 이와 더불어 변화에 따른 내부 저항, 인프라 부족, 시민 신뢰 확보 등 복합적인 도전 과제도 논의한다.

AI와 한의학?

역할 변화에 따라 요구되는 스킬

이제 공무원은 AI 혁신가이자 도입자로서 새로운 역할을 수행하기 위해서는 하드 스킬(AI 리터러시)과 소프트 스킬(AI 윤리 거버넌스 리더십)이 필요하다. AX는 공무원이 공학자, 데이터 과학자, 윤리학자, 혁신가 등 다재다능한 전문가로 거듭날 것을 요구한다.

하드 스킬인 AI 리터러시는 AI에 대한 종합적 이해, 데이터 분석 및 관리, 전문화된 기술, AI 프로젝트 관리다.

기본적으로 AI에 대한 기본적인 이해가 필수적이다. 공무원은 AI가 할 수 있는 것과 할 수 없는 과제를 알아야 한다. AI 도구(AI 비서 등)에 익숙해져야 하며, AI 시스템의 결과를 해석하는 스킬이 필요하다. AI가 업무 프로세스에 도입되어 보편화되면서 AI 시스템과 함께 편안하게 일할 수 있어야 한다(Smart Nation Singapore, 2023).

모든 AI 시스템은 데이터 분석을 토대로 결과를 제공한다. 공무원은 데이터 분석과 데이터 거버넌스에 대한 이해와 스킬이 필요하다. 데이터세트 관리, 데이터 품질, 데이터 분석 도구, 개인정보 보호 및 보안 같은 문제를 이해해야 한다. 또한 데이터 분석 결과를 해석할 수 있는 스킬을 갖춰야 증거 기반의 의사 결정을 내릴 수 있다(Government of Canada, 2025).

AI를 종합적으로 이해하는 것과 동시에 특화된 전문 기술도 필요하다. AI 시스템을 구축 및 유지하고, 정부 기관에 맞는 알고리즘을 개발해 AI 품질을 관리해야 한다. 외부 기관의 과도한 의존도를 줄이고 정부 기관에 맞는 맞춤형 AI 시스템을 개발할 수 있는 조직 역량을 높여야 한다.

AI 프로젝트를 관리하고 AI 시스템을 효과적으로 수행하기 위한 스킬은 종종 간과된다. 공무원은 AI 제품을 평가하는 방법, 기술 기업과 협상하는 방법, 표준을 준수하는 방법을 알아야 한다. AI 프로젝트 진행 전반에 걸쳐 단계별로 필요한 시스템을 구입하고 관리해야 한다. 단순히 제품을 구매하는 데 그치지 않고 구매한 AI 시스템에 대한 기본적인 평가도 해야 한다(The White House, 2025.4.7).

소프트 스킬은 전략적 미래 예측과 혁신적 리더십, 윤리, 위험 관리 및 AI 거버넌스, 변화 관리다.

공무원은 AI 시스템이 조직을 어떻게 변화시킬 수 있는지 볼 수 있는 선견지명과 통찰력이 필요하다. 영국은 부서별로 AI 책임자를 지정해 새로운 AI의 기회를 탐색하게 하고, 싱가포르는 각 기관장과 고위 공무원이 새로운 AI 이니셔티브 의제를 발굴하도록 장려한다. 이를 위해 공무원은 미래 이슈를 분석하고 창의적으로 사고할 수 있는 리더십이 필요하다(GOV.UK, 2025).

정부 기관은 AI 윤리를 바탕으로 AI 편향성 같은 위험을 관리해야 한다. 글로벌 국가는 모두 신뢰 있고 책임감 있는 AI를 강조한다. 공무원은 AI 알고리즘의 공정성을 유지하고, 개인정보를 보호하고, AI 시스템 보안의 위험을 식별해야 한다. 또한 AI 의사 결정의 투명성을 보장하고 시민에게 쉬운 언어로 설명할 수 있어야 한다(Government of Canada, 2025).

AX는 기존 업무 프로세스의 재설계가 필수적으로 수반되는 전략이다. 따라서 공무원은 기존 업무 프로세스를 변화시키고, 이 과정에서 다양한 이해관계자들의 협력을 끌어내야 한다. 관리자는 혁신 친화적인 문화를 조성해 실험과 실패를 장려하고, 부서 간 칸막이를 낮출 수 있는 스킬이 필요하다.

정부 조직과 문화 변화

정부에서 AI 시스템을 구현하는 것은 단순한 기술적 도입이 아니라 조직과 문화의 근본적인 변화다. 이는 개인 차원의 역할 변화뿐만 아니라 조직 차원의 역할 변화도 요구된다. 정부는 조직 구조와 문화가 혁신을 지원하는 방향으로 변화를 이끌어야 한다.

조직 구조 차원에서 정부 기관은 AI 혁신을 지원하기 위한 중앙 센터 및 혁신 조직을 장려해야 한다. 캐나다 AI 전문센터(AI Center of Expertise)처럼 중앙에서 AI 도입 모범 사례를 공유하고, 자문하고, AI 인프라와 인력을 지원해 주는 조직이 필요하다(Government of Canada, 2025). 아부다비 정부지원부는 중앙에서 모든 정부 기관의 AI 이니셔티브를 지원하고 선도하는 역할을 한다(Akin, 2025).

또한 AI 시스템을 실험할 수 있는 샌드박스나 실험 친화적인 제도를 장려해야 한다. 제도적으로 일부 시행착오를 혁신의 과정으로 인정해야 한다. 싱가포르는 AI 시스템의 프로토타입을 손쉽게 파일럿 테스트할 수 있는 환경을 제공하며, 영국은 샌드박스에서 일련의 소규모 AI 시스템을 실험할 수 있는 제도를 제공한다. 이는 실험을 통한 학습을 제도화하는 것이다.

조직 문화 차원에서 혁신 촉진과 위험 감수, 수평적 협업 및 협력, 시민 중심 가치, AI 윤리 준수 및 신뢰를 추구하는 문화를 조성해야 한다.

관료 조직은 전통적으로 위험을 회피하는 경향이 있지

만, AX가 성공하기 위해서는 공무원이 아이디어를 안전하게 실험할 수 있는 문화를 장려해야 한다. 구조적으로 계산된 환경에서 위험을 감수할 수 있도록 해야 한다. 영국의 '스캔, 파일럿, 확장'은 파일럿 단계에서 실패를 선택 사항으로 명시해 교훈과 학습을 장려한다(GOV.UK, 2025.1).

AI 시스템이 성공적으로 개발, 배포, 사용되려면 공무원은 자기 부서 중심이 아닌 전사적인 관점을 가지고 있어야 한다. 캐나다 AI 전문센터는 AI 시스템 개발 단계에서 중복적인 요소를 줄이기 위해 여러 기관의 개발 코드와 자원을 공유하며, IT 부서, 기획 팀, 법률 팀, 서비스 제공 팀 등과 수평적인 협업을 강조한다.

AX의 궁극적인 목표는 시민에게 더 나은 공공 서비스를 제공하는 것이다. 단순히 인공지능을 도입하는 것이 아니므로, 공무원에게는 AX가 시민의 공공 가치 실현에 이바지한다는 비전이 있어야 한다. 싱가포르는 '공익을 위한 AI'를 명시적으로 제시해 공무원이 AI 시스템 도입을 통해 시민의 삶을 개선한다는 동기를 갖도록 한다(Smart Nation Singapore, 2023).

AX에서 윤리적이고 신뢰할 수 있는 AI는 매우 중요한 철학이다. 글로벌 국가는 AX 전략에서 '신뢰할 수 있는

AI'를 강조한다. 공무원은 AI 윤리와 투명성에 대한 명확하고 분명한 이해와 책임감으로 AI 서비스에 대한 신뢰를 주어야 한다. 캐나다 인사위원회는 모든 정부 기관의 AI 이니셔티브에 알고리즘 영향 평가 제도를 도입해 사회적 영향을 검토한 후 AI를 배포하는 과정을 의무화했다. 이는 공무원이 혁신과 위험을 감수하는 동시에 윤리적 규범을 준수해야 하는 의무를 갖도록 해 균형적인 역할을 하도록 하는 것이다.

역할 변화에 따른 도전 과제

AX 시대에 공무원은 새로운 역할의 변화를 받아들여야 할 뿐만 아니라 다양한 역할도 수행해야 하며, 개인 차원을 넘어 조직 차원의 혁신적인 변화를 이끌어야 한다. 상당한 도전 과제들이 수반될 것이다. 급변하는 AI 알고리즘과 모델 개발 속도에 못 미치는 스킬의 격차는 불가피하다. 또한 관료적인 문화에서 혁신적이고 실험적인 문화에 대한 저항은 상존한다. AI 시스템을 도입하기 위한 데이터와 인프라 구축 문제도 고려해야 한다. AI 안전과 위험에 대한 시민의 신뢰와 투명성을 확보하는 과정도 쉽지 않은 도전 과제다. 마지막으로 지속적인 AI 시스템 확대와 변화 유지도 어려운 도전 과제다.

모든 정부 기관의 공무원이 AI 기술을 습득하기는 쉽지 않다. 실제로 AI 기술은 통계, 수학, 컴퓨터 공학, 컴퓨터 언어 등 다학문 융합적이다. 일부 직원들은 심하게 저항하거나 적응하지 못해 뒤처질 위험이 있다. AI 인력을 외부에서 수급하기도 쉽지는 않다. AI 전문 인력에 대한 높은 수요로 관련 분야의 채용이 쉽지 않을 가능성이 크다. 이러한 도전 과제에 대응하기 위해서는 교육 훈련에 대한 지속적인 투자와 세심한 변화 관리가 필요하다 (Babina et al. 2024).

조직 문화를 변화시키기 위해 상당한 노력과 시간이 필요하지만, 변화에 대한 저항과 피로감을 극복하는 것이 큰 도전 과제다. 일부 공무원은 AI 자동화로 인해 자신들의 업무가 대체되는 등의 업무 변화를 두려워할 수 있다. 또한 그간 지속되어 온 변화(전자 정부, 디지털 정부 등)를 겪었기 때문에 새로운 변화에 대한 피로감도 존재한다. 이러한 저항과 피로감을 상쇄할 수 있는 비전 제시와 다양한 조치(업무와 역할 재배치 등)가 필요하다 (Golgeci et al., 2025).

AI 시스템은 기존 IT 시스템과의 충돌과 부족한 데이터 인프라로 도입이 늦춰질 수 있다. 기존 IT 시스템이 새로운 AI 시스템을 지원해 주지 못하거나 컴퓨팅 용량

이 부족해 새로운 AI 도구의 도입이 어려울 수 있다. 데이터가 양과 질적으로 부족하거나 AI가 학습할 수 있는 형태로 저장되어 있지 않을 수도 있다. 글로벌 국가는 AX 전략에서 데이터 인프라 구축과 대용량 클라우드 용량을 강조한다. 물론 인프라를 새롭게 구축하거나 확장하려면 상당한 비용이 소요된다. 비용 절감을 위해 부서 간 상호 운용성과 데이터를 통합하는 등 다양한 통합 작업도 필요하다(Irani et al., 2023).

AX는 시민에게 더 나은 서비스를 빠르게 제공할 수 있지만, 시민에게 위험과 위협을 줄 수도 있다. 공무원은 AI 시스템의 편향성과 개인정보 침해 같은 문제에 직면할 수 있다. 공무원은 AI 시스템 개발, 배포, 사용 단계에서 투명성, 윤리적 규정 준수, 법률 검토 등을 해야 하며, AI 알고리즘, 모델, 의사 결정 등에 대한 설명 가능성도 확보해야 한다. 그러나 공무원은 AI 시스템 생애 주기의 모든 윤리적 의무와 책임을 질 수는 없다. 또한 간단하고 성능이 낮은 AI 알고리즘은 시민에게 설명할 수 있는 정보를 제공할 수 있지만, 공공 서비스 효과가 낮다. 이러한 한계를 극복하고 시민의 신뢰를 높이기 위해서는 조직 차원의 강력한 AI 거버넌스 구축이 필요하다.

마지막으로, 파일럿 테스트에서 성공한 AI 시스템을

정부 기관 전체로 확대하고 제도화하는 것은 또 다른 도전 과제가 될 수 있다. 글로벌 국가에서 소규모 AI 시스템의 성공 사례가 있었지만, 이를 전방위적으로 확대하는 것은 어려운 일이다. 또한 여러 정부 기관이 유사한 AI 시스템을 개발하거나, AI 시스템을 유지하고 업데이트하기가 어려울 수 있다. 중앙에서 전체 정부 기관의 AI 이니셔티브를 모니터링, 관리 및 지원할 수 있는 조직이 필요하다(Rashid et al., 2024).

이제 공무원의 역할은 AX와 함께 진화해야 한다. 자칫 단순히 복잡하고 비싼 기술을 도입하는 데 그치거나, 오히려 시민에게 위험과 위협을 안겨 줄 수 있다. 이러한 진화는 공무원이 새로운 스킬을 습득하고, 조직과 제도적 구조를 개편하고, 혁신 문화와 공공 가치를 균형 있게 조성해야 함을 의미한다. 새로운 역할 변화에 따라 AI 스킬을 획득한 공무원은 혁신적이고 수평적인 협업적인 문화에서 사회적 요구를 예측하고, 스마트한 정책을 수립하며, 효율적이며 개인화된 공정하고 투명한 공공 서비스를 제공할 수 있을 것이다.

참고문헌

Akin(2025.2.18). Abu Dhabi aims to be world's first fully

AI–native government across all digital services by 2027, https://www.akingump.com/en/insights/ai-law-and-regulation-tracker/abu-dhabi-aims-to-be-worlds-first-fully-ai-native-government-across-all-digital-services-by-2027

Babina, T. et al.(2024.1). Artificial intelligence, firm growth, and product innovation. *Journal of Financial Economics,* 151, https://doi.org/10.1016/j.jfineco.2023.103745

Golgeci, I. et al.(2025.6). Confronting and alleviating AI resistance in the workplace: An integrative review and a process framework. *Human Resource Management Review, 35*(2), https://doi.org/10.1016/j.hrmr.2024.101075

Government of Canada(2025.4.10). AI strategy for the federal public service 2025–2027: Priority areas, https://www.canada.ca/en/government/system/digital-government/digital-government-innovations/responsible-use-ai/gc-ai-strategy-priority-areas.html

GOV.UK(2025.1.13). AI opportunities action plan. Department for science, innovation & technology, https://www.gov.uk/government/publications/ai-opportunities-action-plan/ai-opportunities-action-plan

Irani, Z. et al.(2023.1). The impact of legacy systems on digital transformation in European public administration: Lesson learned from a multi case analysis. *Government information quarterly,* 40(1), https://doi.org/10.1016/j.giq.2022.101784

Rashid, A. B. et al.(2024.12). AI revolutionizing industries worldwide: A comprehensive overview of its diverse applications. *Hybrid Advances, 7,* https://doi.org/10.1016/j.hybadv.2024.100277

Smart Nation Singapore(2023.12.4). National AI strategy. AI for the public good, for Singapore and the world, https://www.smartnation.gov.sg/nais

The White House(2025.4.7). White House releases new policies on federal agency AI use and procurement, https://www.whitehouse.gov/articles/2025/04/white-house-releases-new-policies-on-federal-agency-ai-use-and-procurement

09
AX HR 전략

AX 시대의 HR 전략을 초기, 성장, 성숙 단계로 접근한다. 초기 단계에서는 AI 기술과 AI 리터러시 교육을 통해 AI에 대한 기초적 이해와 수용 문화를 조성한다. 성장 단계에서는 전문화된 교육과 조직 내 AI 프로젝트 확대를 통해 AI 스킬을 내재화하고 통합한다. 성숙 단계에서는 지속적인 전문성 강화와 혁신 문화 확립을 통해 조직의 지속 가능한 AI 혁신 역량을 갖추도록 한다.

AI와 화장품?

초기 단계: 토대 마련 전략

AX 초기 단계에서 정부 기관은 일부 영역에 AI 시스템을 도입하기 시작한다. 하지만 많은 공무원은 이러한 AI 기술을 두려워하고, 새로운 업무 프로세스를 수용할 준비가 되어 있지 않다. 따라서 AX HR 전략에서 초기 단계의 우선순위는 공무원이 기초적인 AI 기술 및 리터러시를 전반적으로 이해하는 것과 AI 리더십과 윤리적 거버넌스의 마련이다. 또한 AI 도입에 적합한 문화(AI-ready culture)를 양성하기 위한 환경, 문화, 의식을 조성해야 한다.

싱가포르 공무원은 '모두를 위한 AI(AI for Everyone, AI4E)' 전략에 따라 '정부 내 AI와 데이터 리터러시(AI and Data Literacy for Government)' 과정을 이수해야 한다(AI Singapore). 캐나다는 인사위원회에서 데이터 입문, 공공 부문 생성형 AI 활용 같은 과정을 제공한다.

또한 다양한 직군을 위한 맞춤형 초급 과정을 개발해 입문 교육을 계층화해야 한다. 싱가포르 '국가 AI 전략 2.0(NAIS 2.0)'은 다양한 공무원 직군(고위 관리직, 정책, 집행 등)에 따른 AI 기술 과정이 있다. 예를 들면, 정책 분석가는 정책 평가 데이터 활용, 행정 담당자는 AI 기반 공공 서비스 간소화 방법을 이수한다.

표 9-1. 초기 단계 AX HR 전략

주요 분야	주요 대상	HR 전략
AI 및 데이터 리터러시	모든 정책 담당자 및 일반 행정 담당자	AI/데이터 리터러시 이해, 기본 데이터 분석 워크숍, 역할별 소개 과정 등
AI 리더십 및 윤리 거버넌스	고위 및 중간관리자	AI 윤리 및 정책 브리핑 (지침, 법률 포함), 전문가와의 리더 라운드 테이블(AI 트렌드 Q&A) 등
AI 문화 조성	전체 조직	AI 인식 내부 캠페인 (뉴스레터, 인트라넷 포털), AI 개선 아이디어 챌린지 등
HRD 시스템 지원	HR 부서	AI/디지털 역량 프레임워크 개발(역할별 기술 정의), 초기 교육 예산 및 자원 할당 등

고위 및 중간 관리자에게는 주기적인 브리핑과 세미나를 통해 글로벌 국가 AI 동향, 혁신을 위한 AI 리더십 등을 제공해야 한다. 관리자에게는 AI 윤리와 위험에 관한 교육이 필요하다. 싱가포르는 AI의 가능성과 한계를 이해하는 '관리용 AI(AI for Management)' 프로그램을 제공한다(Civil Service College, 2025).

조직은 AI 도입 문화를 조성하기 위해 다양한 방식의 캠페인(소식지 등)을 전개할 수 있다. 또한 실행 커뮤니티를 구축해 AI 기술에 관심이 있는 직원들을 교육 및 지원하며, 이들이 소규모 AI 파일럿 프로젝트를 시작할 수 있도록 기회의 장을 마련해야 한다. 이러한 접근은 AI 도입에 대한 동기를 부여하고 '빠른 실패'가 처벌이 아닌 학습의 기회로 인식하게 하는 것이다(Leong, 2024).

HR 부서는 AI 역량 프레임워크를 구축해 다양한 역할(정책, 행정, 기술 등)에서 요구되는 기본, 중급, 고급 수준의 스킬과 지식을 정의해야 한다. 프레임워크는 공무원의 AI와 데이터 리터러시 수준을 진단 및 평가할 수 있는 도구를 제공하며, 이를 통해 격차를 진단하고 교육의 우선순위를 정할 수 있다.

초기 단계에 공무원은 AI와 데이터에 대한 기본적인 내용을 습득하고 리더의 변화 메시지를 이해할 수 있다. 고위 및 중간 관리자는 AI 윤리와 거버넌스에 대한 의식이 고취된다. 관심이 높은 공무원은 간단한 AI 파일럿 테스트를 시도하고, HR 부서는 AX를 위한 HR 시스템을 준비한다. 이러한 과정을 통해 AI에 대한 두려움을 줄이고, AI 기술을 쉽게 접근 및 활용할 수 있다는 인식을 심어 주어야 한다. 이는 다음 성장 단계로 넘어갈 수 있는 기반을 다질 수 있다.

성장 단계: 가속화 및 통합 전략

성장 단계에서 정부 기관은 AI 시스템 도입에 대한 다양한 학습 경험을 쌓아 가고, 그러면서 더 발전된 AI 기술에 대한 수요가 증가한다. 이 단계에서 정부 기관은 다양한 업무에 AI 시스템을 광범위하게 도입하고 통합을 시도해야 한다. 성장 단계의 AI 이니셔티브는 정부 운영에 AI 시스템을 더욱 의미 있게 사용할 수 있는 기반을 구축하는 것이다.

조직은 AI 이니셔티브를 선도할 수 있는 인재를 집중적으로 양성해야 한다. 대학이나 온라인 플랫폼 기업과의 협업을 통해 고급 과정이나 장기간 몰입형 교육으로 전문화된 AI 실무자를 키울 수 있다. 또한 'AI 혁신 랩(AI Innovation Lab)'을 조직해 여러 부서 공무원이 실제 AI 파일럿 프로젝트를 진행하게 해야 한다(GoVTech Singapore, 2025).

성장 단계에서는 AI 이니셔티브가 체계적으로 관리 및 운영될 수 있도록 위원회를 구성해야 한다. 이 위원회는 윤리적 및 전략적 측면에서 주요 AI 이니셔티브를 검토하고 평가한다. 조직 내 관리자는 AI 편향성, AI 시스템 보안, 개인정보 보호, 데이터 거버넌스 등에 대한 높은 이해를 바탕으로 위원회를 효과적으로 운영할 수 있

표 9-2. 성장 단계 AX HR 전략

주요 분야	주요 대상	HR 전략
AI 전문 기술(중급)	AI 기본 소양을 갖추고 관심 있는 담당자, IT 전문가 등	AI 펠로쉽, 중급 AI 과정(머신러닝 등), AI 혁신 Lab 프로젝트 수행 등
AI 리더십 및 윤리 거버넌스	고위 및 중간관리자	AI 거버넌스 및 윤리 위원회, AI 이니셔티브 및 윤리 평가 워크숍 등
AI 문화 도입	전체 조직	AI 파일럿 테스트 전사 확대, 분기별 AI 성공 공유 포럼, AI 이니셔티브 성과 보상과 경력 연계, 타운홀 등
HRD 시스템 구축	HR 부서	자격증 (AI 전문가) 제도, AI 역량 기반 직무 및 승진 제도, 외부 AI 전문기관 협력, 교육 결과 인사 반영 등

다. 또한 관리자는 AI 시스템에 대한 시민의 신뢰를 구축하기 위해 소통과 책임에 대한 준비가 되어 있어야 한다.

성장 단계에서 조직은 AI 이니셔티브를 전사적으로 확대할 수 있는 문화를 조성해야 한다. 우선 조직의 성공 사례를 안팎으로 공유할 수 있는 메커니즘을 만들어야 한다. 이를 통해 혁신을 확산하기 위한 동력을 조성할 수 있다. 또한 현신과 학습을 장려하기 위한 공식적인 인정과 보상 제도를 도입해야 한다. 성공한 AI 프로젝트에 대한 기여를 승진과 연계하는 등 경력 개발에 대한 보상을 제공할 수 있다. 이는 조직이 미래 지향적인 행동을 중시하고 보상해 혁신을 문화로 정착시킨다는 메시지를 준다. 또한 정기적으로 재교육과 새로운 교육 프로그램에 참여할 충분한 기회를 제공해 지속적인 학습 문화를 조성해야 한다(GOV.UK, 2025).

이러한 노력과 발전에도 불구하고 여전히 저항과 두려움이 남아 있을 수 있다. 심리적인 불안(업무량 증가, 업무 대체 등)을 줄이기 위한 소통 채널과 비전을 제시해야 한다. 예를 들면 더 가치 있는 업무로의 전환을 위한 교육 및 배치 계획이나 아무도 낙오되지 않고 함께 발전한다는 메시지를 통해 이들에게 확신을 주는 것이 중요하다.

HR 부서는 AI 이니셔티브가 전사적으로 가속화되고 통합될 수 있도록 AI 자격증, 경력 개발과 성과 평가 연계, 교육 프로그램 다양성 확대, 지속적인 모니터링과 성과 평가 추적, 교육 투자 등을 제도적으로 지원해야 한다.

성장 단계에서는 AI 시스템이 가시적으로 업무 프로세스에 통합되는 과정을 공무원이 경험하게 해야 한다. AI 시스템 도입을 통해 개선된 성과를 볼 수 있어야 한다. 이런 과정을 통해 AI 이니셔티브에 동참할 수 있는 공무원이 늘어날 것이다. 일반 직원들도 AI 도구를 더욱 편안하게 사용하게 되고, AI가 더는 혁신이 아닌 '새로운 표준(new normal)'이 되는 과정을 경험한다(Aulia & Lin, 2025). 비로소 AI를 도입하기 위한 문화적 자생력을 갖추게 된다.

HR 전략(교육 프로그램, 인센티브 등)은 숙련된 인재를 지속적으로 배출하고 성장시킬 수 있는 시스템을 조직에 내재화한다. 이는 우수한 성과와 장기적인 지속 가능성을 유지하는 성숙 단계로 나아가는 발판이 된다.

성숙 단계: 지속 가능성과 혁신 확장 전략

성숙 단계에서는 정부 기관의 AI 시스템 사용이 확대되고 지속적인 개선과 주도적인 혁신이 제도화된다. 성숙 단계의 목표는 구축된 내부 역량과 혁신 가치를 조직에 완전히 뿌리내리는 것이다. 최첨단 AI 기술의 지속적인 도입과 혁신이 유지되고, 기술 발전에 따른 윤리적 원칙과 지침이 견고해야 한다.

성숙 단계에서는 평생 학습 체계를 구축해야 한다. 이 단계에서도 AI 기술은 계속 발전할 것이므로, 공무원은 주기적으로 자신의 지식과 스킬을 업데이트해야 한다

표 9-3. 성숙 단계 AX HRD 전략

주요 분야	HR 전략
AI 고급 기술 (상급)	상급 AI 과정(Diffusion models 등), 정부 기관 간 내부 전문가 협력 교류 확대, 최신 AI 기술(보안 등) 교육 등
AI 리더십 및 윤리 거버넌스	전략적 미래 예측 워크숍, AI 윤리 정책 최신화 교육, AI 거버넌스 시민 참여와 소통, AI 지식과 경험을 갖춘 리더 채용 등
AI 문화 내재화	AI 혁신 과정 여정화, 전 직급 AI 권한위임 강화, 지속적인 최신 AI 기술 소개, 성과 및 피드백 등
HRD 시스템 유지 및 개선	직군 및 수준별 맞춤형 교육프로그램 파이프라인, 주기적인 AI 역량 프레임워크 업데이트, 강력한 모니터링과 평가제도, 기술 발전 및 환경 변화에 따른 구조, 임무, 역할 변경 등

(GOV.UK, 2025).

조직의 AI 전문가를 다른 정부 기관에 파견해 AI 이니셔티브를 지원하고 내부 컨설팅을 수행할 수 있도록 부처 간 협력 교류를 확대해야 한다. 또한 이들이 국내외 최고 AI 연구소 등과 공동 AI 이니셔티브 혹은 프로젝트를 진행해 지속적인 혁신의 물결을 주도할 수 있도록 해야 한다.

고위 및 중간 관리자는 기술 발전에 따른 새로운 윤리적 딜레마에 민첩하게 대응해야 한다. 또한 잠재적인 미래의 리더들이 AI 윤리와 거버넌스에 대한 지식과 경험을 쌓을 수 있도록 해야 한다.

관리자의 성숙한 리더십과 신뢰가 시민의 의식에 자리를 잡을 수 있도록 지속적인 시민과의 소통과 피드백 창구가 확대되어야 한다. 관리자는 정부가 책임감 있고 신뢰할 수 있는 AI를 사용한다는 것을 다양한 소통 채널을 통해 시민에게 공유하고 이들의 피드백을 반영해야 한다.

이제 공무원은 AI 이니셔티브를 혼란이 아닌 기대감으로 생각해야 한다. AI 시스템 도입 과정을 조직의 긍정적인 정체성을 강화하는 여정으로 인식해야 한다(Füller et al., 2022). 또한 조직은 AI 시스템을 사용해 업무 프로세스를 개선할 수 있는 권한을 다양한 직급에 부여해야 한다. 이는 직급과 관계없이 좋은 아이디어가 가치가 있다는 문화를 심어 준다.

모든 공무원이 책임감 있게 AI 이니셔티브를 추진할 수 있는 환경을 조성해야 한다. AI 시스템에서 윤리적 문제에 대해 책임감을 느끼고 안전하게 알릴 수 있는 소통 채널을 마련해야 한다. 책임감을 보상하고, 교육을 통해 윤리적 책임감을 장려해야 한다.

HR 부서는 'AI 윤리 전문가'와 같은 새로운 역할을 지원할 수 있도록 AI 스킬 프레임워크를 미래 지향적인 관점에서 업데이트해야 한다. 또한 변화된 프레임워크에 맞춰 교육 프로그램을 최신화하고 인력 양성 파이프라인을 제도화해야 한다. 혁신과 변화가 지속되고 유지될 수 있도록 성과 평가와 피드백을 강화하며 보상 체계를 변화시켜야 한다.

성숙 단계에서는 공무원이 현재 AI 기술에 숙달할 뿐만 아니라 새로운 스킬을 지속적으로 학습할 수 있도록 환경과 기회를 마련해야 한다. 이 단계에서 공무원은 AI 시스템 도입에 의한 변화를 수용하고, AI를 사용해 업무를 수행하는 데 자신감을 가지게 된다. 또한 공무원은 AI 윤리에 대한 높은 책임감을 바탕으로 더욱 강화된 윤리 기준으로 시민의 신뢰를 유지한다. 이제 AI 시스템은 공공 서비스에 깊숙이 통합되어 시민에게 더 빠르고 안전하게 개인화된 서비스를 제공할 수 있다.

참고문헌

AI Singapore, https://learn.aisingapore.org/

Aulia, S. R. & Lin, W. S.(2025). Embracing the digital shift: Leveraging AI to foster employee well-being and engagement in remote workplace settings in the Asia Pacific region. *Asia Pacific Management Review,* 30(3), https://doi.org/10.1016/j.apmrv.2024.12.003

Civil Service College(2025). AI for Management, https://register.csc.gov.sg/course/CRAIM10

Füller, J. et al.(2022.5). How AI revolutionizes innovation management – Perceptions and implementation preferences of AI-based innovators. *Technological forecasting and social change,* 178, https://doi.org/10.1016/j.techfore.2022.121598

GovTech Singapore(2025.4.30). Pitch ideas, experiment, and see AI in action with LaunchPad, https://www.tech.gov.sg/products-and-services/for-government-agencies/productivity-and-marketing/launchpad

GOV.UK(2025.1). AI Opportunities Action Plan. Department for Science, Innovation & Technology, https://www.gov.uk/government/publications/ai-opportunities-action-plan/ai-opportunities-action-plan

Leong, J.(2024). AI in the public service: Here for good. *ETHOS,* 27. https://knowledge.csc.gov.sg/ai-in-the-public-service-here-for-good

10
다가올 AGI 시대와 공무원의 진화

다가올 범용 인공지능은 공공 서비스와 의사 결정 구조를 더욱 복잡하고 정교하게 만들 것이다. 공무원은 인간 고유의 역량인 윤리적 판단, 창의적 문제 해결, 비판적 사고 등을 중심으로 AGI와 긴밀하게 협력하는 창의적 파트너로 진화해야 한다. AGI 시대에서 공무원의 역할 진화와 필요한 스킬을 설명한다.

종교와 AI?

다가오는 AGI 시대

2030년대에는 인간의 능력을 뛰어넘는 범용 인공지능(AGI, Artificial General Intelligence)의 등장이 예상된다. 글로벌 기술 기업의 리더들은 '향후 10년 후에는 영역 대부분에서 AI 시스템이 전문가의 기술을 뛰어넘어 대기업과 동등한 수준의 생산성을 달성할 것'이라고 전망했다(Hern, 2023.5.24). 정부는 자율성이 높은 새로운 AGI 시대에 민주적 가치, 윤리, 시민의 안전을 도모하면서 사회적 및 경제적 이익을 창출하기 위해 AGI를 활용해야 하는 이중적 과제에 직면할 것이다.

AGI는 한때 인간의 판단이 필요하다고 여겨졌던 기능이나 역할까지 자동화할 수 있다. AGI는 여러 개의 AI 시스템을 병렬로 배치해 동시에 여러 작업을 수행할 수 있다. 예를 들면 첫 번째 시스템은 법률 규정 검토, 두 번째는 판례 검증, 세 번째는 추가 자료 수집 및 분석과 같은 식이다. AGI는 이 결과들을 통합해 최종 권고안을 인간에게 제시하거나 의사 결정을 조정한다. AGI는 더 넓게 확장된 업무 영역에서 더 낮은 비용으로, 더 빠르게 고품질의 의사 결정을 제공할 수 있다. 하지만 공무원은 정부 기관의 핵심 행정 가치인 투명성, 책임성, 대응성에 대한 문제를 여전히 마주하게 될 것이다. "AGI의 결정과 행동을 아주 투명하게 만들 수 있는가?", "누가 AGI의 결정과 행동에 대한 책임을 져야 하는가?", "AI 시스템이 정부 기관 내에서 변화하는 의사 결정의 요구에 대응할 수 있는가?" 등이다. 또한 인간 같은 역할을 하는 AI 시스템을 '처벌'할 수 있는가와 여러 정부 기관에 널리 통합된 AI 시스템의 '잠재적인 위협'을 막을 수 있는가 등의 문제가 제기될 수 있다. AGI는 더 이상한 일개 부처에 국한된 AI 시스템이 아니라 전방위적으로 모든 정부 기관의 기능이 통합된 AI 시스템으로 운영될 것이다. 따라서 머지않아 도달할 AGI 시대에 공무원의 역할은 다시 변할 것이다.

AGI 시대 공무원 역할 변화

AGI는 모든 수준에서 공무원의 역할과 책임을 크게 재편할 것이다. 대부분의 업무가 AGI에 의해 자동화되어 공무원은 더 높은 수준의 판단과 의사 결정, 전략, 감독의 역할에 업무의 초점을 맞추게 될 것이다.

정부 기관의 고위 및 중간 관리자는 AGI 시대에 더 큰 전략적 책임에 직면하게 될 것이다. 이들은 정부에서 인간과 AI가 함께 일하는 방식을 조율하는 '윤리 지휘자(ethics conductors)이자 전략가'가 될 것이다(Becker,

2024). 2030년대에 AGI 등장으로 고급 AI 시스템이 더 나은 공공 서비스를 시민에게 제공해도 시민은 여전히 '서비스의 주요 지점에 인간의 참여와 개입'을 요구할 것이다. 이는 관리자가 인간 중심의 AI 시스템과 프로세스를 신중하게 설계해야 함을 의미한다. 즉 시민을 의사 결정과 프로세스에 참여시킬 기회를 더 많이 제공하면서 효율성을 높일 수 있는 통합적인 AI 시스템을 구축해야 한다. 또한 관리자는 '민주적 가치를 기반으로 투명하고 책임감 있는 신뢰하는 AI' 개발을 위한 AI 윤리 책임자로서 역할을 해야 한다(OECD, 2024). 관리자는 AI 시스템이 대규모로 오작동하거나 오용되는 위기 상황에 신속하게 대응할 수 있는 전략과 계획을 수립해야 한다. AGI 시대의 궁극적인 리더의 역할은 인간 가치, 윤리, 전략적 의도가 AI 시스템에 투영되어 AI가 사회의 지배자가 아닌 공공과 공익을 위한 도구로 활용될 수 있도록 하는 것이다.

정책 담당자에게는 AGI 시대에 기하급수적인 기술 변화에 발맞출 수 있는 적응형 정책과 AI를 위한 법령 체계를 만드는 역할이 더 강화될 것이다. 이들은 AI 윤리, 데이터 거버넌스, 위험 관리에 대한 전문성을 개발해야 할 것이며, 새로운 윤리적, 법적 딜레마와 씨름할 것이다. 예를 들면 'AI 시스템에 법적 지위나 인격을 부여해야 하는가?, 인간에게 해로운 의사 결정을 내릴 때 책임을 어떻게 부여해야 하는가?' 등의 문제다. 이러한 문제와 질문들이 정책 의제에 주로 다뤄질 것이다(Maharjan, 2025). AGI 시대에 정책 담당자는 AI 거버넌스 생태계에 대한 지속적인 감독자이자 관리자로 발전하고, 기술자, 윤리학자, 글로벌 정부와의 긴밀한 협력자로 변모할 것이다.

공공 서비스의 행정 담당자의 업무 프로세스와 처리 방식이 변화할 것이다. 공공 서비스의 기능이 모두 통합된 고급 AI 시스템이 행정 담당자의 대부분 업무를 대체할 것이다. 예를 들면, AI 시스템은 수만 건의 보조금 신청서나 세금 신고서를 분석해 자동으로 처리한다. 행정 담당자의 업무는 고급 AI 시스템의 관리, 감독, 해석의 역할로 전환될 것이다. 이들은 AI 시스템에 업무를 할당하고 결과를 확인해 인간의 개입이 필요한 복잡한 업무를 분류해 처리한다. 다만 '공감'이 요구되는 의사소통, 협상 등의 업무는 여전히 담당자가 처리해야 하는 영역으로 남을 것이다. 따라서 행정 담당자에게는 AI 결과를 이해하고 오류나 편향을 감지하며 인간의 개입이 필요한 업무를 판단하는 스킬이 요구될 것이다. 행정 담당자는 고급 AI 시스템에 의해 자동화된 프로세스가 정책 의

도에 맞게 공정하고 정확하게 처리될 수 있도록 감독하는 'AI 감독관(AI supervisors)'의 역할로 전환될 것이다(Bullock et al., 2025).

새로운 개인 스킬과 조직 역량

AGI가 가능한 세상에서 이를 효과적으로 통제하기 위해서는 정부는 개인과 조직 차원의 새로운 역량을 개발해야 한다.

개인적인 차원에서 공무원은 기본적인 코드 작성뿐만 아니라 AI의 능력과 한계는 물론, 윤리적 이슈까지 이해해야 한다. AI 시스템은 매우 효율적으로 운영되지만, 공무원은 새로운 딜레마나 대규모 위기 상황에 놓일 수 있다(Maharjan, 2025). 따라서 공무원은 기술적인 숙련도 이상의 비판적 사고와 윤리에 대한 높은 지식과 경험이 요구될 것이다. 공무원은 AI 결과나 권고 사항에 비판적으로 의문을 제기하고, 편견이나 불공정한 결과를 찾아낼 줄 알아야 한다.

AGI 시대는 정부 기관 전체에 걸쳐 AI 시스템이 통합된 자율적인 의사결정 알고리즘의 형태를 갖추고 있을 것이다. 정부는 통합된 AI 시스템을 관리 감독할 수 있는 새로운 조직 혹은 기관이 필요할 것이다(OECD, 2024).

이러한 조직은 중앙 정부뿐만 아니라 지방 정부의 AI 시스템까지 관리 및 감독하고, 이들을 조정하는 역할을 담당해야 할 것이다. 모든 정부 기관에서 사용되는 AI 시스템을 인증하고, 윤리 지침 준수를 위한 알고리즘을 감시하며, AI 시스템에 관한 지침을 제공해야 한다. 이 조직은 AI 시스템을 도입한 정부 기관과 모든 공공 기관의 AI를 표준화하고, 편향성과 안전성을 보장할 수 있는 효과적인 AI 거버넌스를 구축하는 임무를 담당해야 한다.

조직 차원의 또 다른 역량은 시민 참여와 투명성을 확보하는 것이다. 시민의 의견을 수렴하며 피드백을 통해 의견을 반영하는 선순환 구조를 공고히 해야 한다(Maharjan, 2025). 윤리학자, 시민권 단체, 일반 시민 등 다양한 이해관계자의 피드백을 AI 정책에 통합해 AI의 잠재적인 사회적 영향을 검토해야 한다. 정부는 민주적 책임을 유지하기 위해 새로운 AI 시스템의 알고리즘과 결과에 대한 설명 가능성을 한층 강화해야 할 것이다.

이제 공무원과 조직은 신속하고 민첩하게 전략적으로 AGI 시대를 준비해야 한다.

모든 공공 기관의 AI 리터러시가 향상되어야 한다. AGI 시대가 도래하기 전까지 공무원은 AI 기술과 도구를 이해하고 결과물을 분석하는 데 능숙해야 한다.

공공 분야에서 AI 시스템 사용을 규제하고 안내하기 위한 새로운 AI 거버넌스가 필요할 것이다(Bullock et al., 2025). AGI 시대에 AI 시스템이 대규모로 통합되기 전에 알고리즘과 의사 결정 과정 문서화, 위기 상황 대응 계획, 고위험 의사 결정의 인간 개입 절차와 지침 같은 명확한 거버넌스가 구축되어야 한다.

AI 위험 및 사건에 대한 위기 대응 계획을 준비해야 한다. AGI 시대는 고도로 자율적인 AI 시스템이 통합되어 대규모의 위험한 사태가 벌어질 수 있다. 예를 들면 AGI는 정부 시스템을 자율적으로 통제할 수 있는 지능형 사이버 무기를 개발할 수 있다. 국가 차원의 위기 상황이 발생하면 누가 대응을 주도할 것인지, 잘못된 AI 시스템을 신속하게 비활성화하거나 억제하는 방법은 무엇인지, 시민에게 위기 상황을 알리거나 대피하게 하는 방법은 어떤 것인지, 대응 전략이 준비되어 있어야 한다.

AGI 시대는 새로운 도전으로 다가올 것이다. 혁신적인 AI 기술이 인간의 번영을 증진하고 정의를 수호하며 시민과 정부가 신뢰 관계를 강화하는 방식으로 개발되고 사용될 수 있도록 하는 것이 궁극적인 목표가 되어야 한다. 이러한 관점에서 공무원은 AX 시대를 넘어서 AGI 시대까지 준비할 수 있는 역할을 갖춰야 할 것이다.

참고문헌

Becker, S.(2024). 2030 vision: Revolutionizing government services through human-AI collaboration. *Professional Services Council(PSC),* https://www.pscouncil.org/a/Content/2024/Spring_2024/2030_Vision__Revolutionizing_Government_Services_Through_Human-AI_Collaboration.aspx

Bullock, J. B. et al.(2025.2.14). AGI, governments, and free societies. *ArXiv,* https://arxiv.org/abs/2503.05710

Hern, A.(2023.5.24). OpenAI leaders call for regulation to prevent AI destroying humanity. *The Guardian,* https://www.theguardian.com/technology/2023/may/24/openai-leaders-call-regulation-prevent-ai-destroying-humanity

Maharjan, P.(2025.5.7). Leveraging strategic foresight to mitigate artificial intelligence(AI) risk in public sectors. *UN, Department of Economic and Social Affairs, Policy Brief,* 174, https://desapublications.un.org/policy-briefs/un-desa-policy-brief-no-174-leveraging-strategic-foresight-mitigate-artificial

OECD(2024.6.24). Governing with artificial intelligence: Are governments ready? *OECD artificial intelligence papers*, 20, https://www.oecd.org/content/dam/oecd/en/publications/reports/2024/06/governing-with-artificial-intelligence_f0e316f5/26324bc2-en.pdf

윤우제

국가공무원인재개발원 교수다. 한국국방연구원 전략기획연구실, 외교부 국립외교원, 삼성글로벌리서치(구 삼성경제연구소) 인사조직실에서 근무했다. 성균관대학교에서 행정학 박사, 심리학 석사, 통계학 학사 학위를 받았다. 스위스경영대학원 인공지능 박사 과정과 텍사스대학교 인공지능 및 빅데이터 과정을 마쳤다. 저서로 《코딩 없이(Low code) 클릭으로 한 번에 빅데이터 분석하기》(2023), 논문으로 "공무원 대상 디지털 및 인공지능 윤리교육 프레임워크개발(2024)" 등이 있다.